1978

LA CHUTE

DE

SATAN

PAR

AUGUSTE MAQUET

III

PARIS

L. DE POTTER, LIBRAIRE-ÉDITEUR

RUE SAINT-JACQUES, 38.

1854

LA CHUTE DE SATAN.

NOUVEAUTÉS EN LECTURE
Dans tous les cabinets littéraires.

L'Initié, par *H. de Balzac*, 2 vol. in-8.

Laurence de Montmeylian, par *Molé-Gentilhomme*, 5 vol. in-8.

Le Garde-Chasse, par *Elie Berthet*, 5 vol. in-8.

Le Beau Laurent, par *Paul Duplessis*, auteur des Boucaniers et de Montbars l'Exterminateur, 4 vol in-8.

La Chute de Satan, par *Auguste Maquet*, collaborateur d'*Alexandre Dumas*, auteur du Comte de Lavernie, etc., etc., 5 vol. in-8.

La Fille de l'Aveugle, par *Emmanuel Gonzalès*, 5 vol. in-8.

Rigobert le Rapin ou les Mystères de la Chine, par *Charles Deslys*, auteur de Mademoiselle Bouillabaisse, la Mère Rainette, etc., etc., 3 vol. in-8.

Madame de la Chanterie, par *H. de Balzac*, 1 vol. in-8.

Le Guetteur de Cordouan, par *Paul Foucher*, 2 vol. in-8.

Mercédès, par *madame la comtesse Dash*, 5 vol. in-8.

La Chasse aux Cosaques, par *Gabriel Ferry*, auteur du Coureur des Bois, 4 vol. in-8.

Les Amours de Vénus, par *Xavier de Montepin*, 5 vol. in-8.

Le Comte de Lavernie, par *Auguste Maquet*, collaborateur d'*Alexandre Dumas*, 4 vol. in-8.

Montbars l'Exterminateur, par *Paul Duplessis*, auteur des Boucaniers, 5 vol. in-8.

Un Homme de Génie, par *madame la comtesse Dash*, 3 vol. in-8.

Le Garçon de Banque, par *Elie Berthet*, 2 vol. in-8.

Les Lorettes Vengées, par *Henry de Kock*, 5 vol in-8.

Roquevert l'Arquebusier, par *Molé-Gentilhomme*, 4 vol. in-8.

Mademoiselle Bouillabaisse, par *Charles Deslys*, auteur de la Mère Rainette, la Dernière Grisette, 5 vol. in-8.

Le Chasseur d'Hommes, par *Emmanuel Gonzalès*, 2 vol. in-8.

L'Usurier sentimental, par *G. de la Landelle*, 5 vol. in-8.

L'Amour a la Campagne, par *Maximilien Perrin*, 5 vol. in-8.

La Mare d'Auteuil, par *Ch. Paul de Kock*, 6 vol. in-8.

Les Boucaniers, par *Paul Duplessis*, 5 vol. in-8.

La Place Royale, par *madame la comtesse Dash*, 3 vol. in-8.

La Marquise de Norville, par *Elie Berthet*, 3 vol. in-8.

Mademoiselle Lucifer, par *Xavier de Montepin*, 5 vol. in-8.

Les Orphelins, par *madame la comtesse Dash*, 5 vol. in-8.

La Princesse Pallianci, par *le baron de Bazancourt*, 5 vol. in-8.

Les Folies de Jeunesse, par *Maximilien Perrin*, 5 vol. in-8.

Livia, par *Paul de Musset*, 5 vol. in-8.

Bebe ou le Nain du roi de Pologne, par *Roger de Beauvoir*, 5 vol in-8.

LA CHUTE
DE SATAN,

PAR

AUGUSTE MAQUET,

Suite du Comte de Lavernie.

III

Paris,

L. DE POTTER, LIBRAIRE-ÉDITEUR,

Rue Saint-Jacques, 58.

NUAGES NOIRS.

Gérard passa la nuit à écrire et à rêver. Il écrivait à Belair pour le remercier de son amitié si tendre, pour le féliciter de son bonheur. « Cette amitié, que le hasard avait nouée, disait Gérard au musicien, a pris depuis peu tant de place dans ma vie, elle touche si sensiblement à toutes les fibres de mon cœur, que je la confonds avec tous mes souvenirs de joie et d'amour. Il me semble que je n'ai pas connu Antoinette sans vous, ou que je ne vous connais pas sans elle; peut-être devez-vous être jaloux de la tendresse que j'ai pour cette jeune fille mais elle serait bien jalouse, je le crois, de l'affection que je vous porte.

« Cependant, mon ami, peut-être va-t-il falloir que nous nous quittions demain; un grand bonheur m'est réservé : un honneur mortel. Je suis commandé pour enlever un ouvrage devant lequel ont échoué les braves gardes-françaises; c'est vous dire qu'il y faut mourir, à moins d'un de ces bonheurs comme il en a lui si peu dans ma triste vie.

« Pourtant vous avez ouï parler des merveilleuses faveurs que le Destin m'a faites en si peu de jours. Chacun ici-bas a droit à son lot de fleurs et de cyprès. Toutes les roses de ma part sont tombées en même temps sur ma tête. Sauvé de la mort, promu à un beau grade, protégé par madame de Maintenon, qui souriait en moi à l'ombre de ma mère; puis un beau combat où j'ai réussi, puis une adorable soirée où j'ai senti sous mes lèvres le front et les yeux d'Antoinette! Je vous le dis, Belair, toutes les roses en même temps! mais les voilà dépensées : c'est le tour des cyprès!

« Eh bien, mon ami, je me retrouve dans la même situation où j'étais à Valenciennes, quand je vous recommandais Antoinette. Si je suis tué demain, relisez avec Jaspin ma lettre d'alors, elle peut encore servir. Du reste, je suis fort, je me sens calme et joyeux; je mourrai glorieusement, utilement, comme est mort mon père, en soldat. Vous me demanderez pourquoi cette appréhension, ou plutôt cette prévision de la mort; votre philosophie confiante, votre amitié protectrice me diront qu'il y a toujours dans la plus épaisse grêle de boulets et de balles assez de vides pour les poitrines que Dieu veut garder saines et sauves. Mais je vous répondrai que par moments je ne sens plus Dieu autour de moi, et que je suis las d'une lutte sans résultats avec le mauvais ange.

« Vous me réfuteriez facilement, heureux que vous êtes, en me montrant combien vous avez souffert avant que la fortune et l'amour vous aient récompensé. Vous me diriez que si je sors vivant et vainqueur de l'attaque de demain, je pourrai demander au roi la main d'Antoinette, et replonger à jamais dans les ténèbres le démon infatigable qui m'opprime. — Mais les présages sont contraires. A l'heure qu'il est, j'interroge le ciel, tout en vous écrivant : il est noir, sans étoiles, et mon chien, couché en face de moi, au lieu de dormir, me regarde avec des yeux sérieux et brillants, comme pour me dire qu'il n'a plus longtemps à me voir, et qu'il veut me voir encore. »

C'est ainsi que Gérard exprimait ses

pressentiments lugubres. — De la part d'un homme aussi réellement brave, tant de faiblesse annonçait bien de la fatigue.

Quelquefois les nuages qui pèsent sur nous sont si noirs et si opaques que nous courbons la tête et plions les genoux sous leur douloureuse influence. Gérard obéissait à cette loi de nature. Il sentait ses malheurs à venir et suppliait Dieu d'en éloigner de lui l'amertume.

Jaspin boudait depuis la scène de la veille. Un peu rudoyé, comprenant qu'il avait eu tort et que l'honneur militaire est pointilleux, il n'osait plus même s'applaudir d'avoir sauvé la vie de Gérard en appelant les chevau-légers à son aide. Jaspin, comme toutes les âmes faibles, s'en prenait à la cause de l'accident. Il maudissait la guerre, les épées, les ouvrages à cornes et la cour, où l'on vit toujours comme sur une vague de l'Océan, tantôt enlevé au ciel, tantôt plongé dans les gouffres.

Cependant il ne dormit pas plus que Gérard. Il surveillait de loin sa tente éclairée, le jeu de son ombre qui révélait une active insomnie, et l'aube le trouva debout, arpentant le devant du quartier, toussant comme s'il était fort enroué afin d'attirer l'attention de Gérard sans pourtant lui faire d'avances. Jaspin avait de la dignité.

Cette toux fut remarquée du chien Amour qui, lui aussi, prenait l'air à la porte de Gérard, mais sans préoccupation d'aucune espèce. Il répondit à la toux par un aboiement de politesse, et s'en alla saluer Jaspin qui, s'asseyant sur l'herbe fraîche, entama un dialogue avec l'animal, ne pouvant causer avec le maître.

— Ah! te voilà, lui dit-il; te voilà, ingrat! Tu n'es guère tendre pour tes amis, Amour. Tu me manques d'égards, Amour.

Tu me fais du chagrin, et ne viendrais pas seulement me rendre visite... petit Amour. Je suis le vieux Jaspin qui t'a nourri, élevé, qui t'aime... et qui ne fait jamais rien sans être inspiré par cette amitié que j'ai pour toi, petit ingrat d'Amour.

Et le bon Jaspin s'attendrissait en disant ces paroles avec une voix assez haute pour qu'on l'entendît de la tente voisine. Le chien caressé, magnétisé par les intonations mélancoliques de cette voix, s'attendrissait aussi et poussait des gémissements aigus en léchant avec des élans de tendresse le visage et les mains de l'abbé.

Cette scène eut le résultat qu'espérait Jaspin. Gérard, pâle encore de sa nuit sans sommeil et tout habillé, tout armé, sortit et s'arrêta pour considérer ses deux amis.

— Bonjour, Jaspin, dit-il avec une douce bonté.

Jaspin feignit d'être surpris par cette voix, comme s'il ne l'eût pas attendue; il leva la tête, et ses yeux qui voulaient paraître affligés, mécontents, se dilatèrent peu à peu de joie et de reconnaissance. Gérard ouvrit ses bras, et Jaspin vint s'y précipiter avec les petits étouffements qui précèdent les sanglots.

— Cristol! murmura-t-il, j'avais besoin de cela.

— Là, là, mon bon Jaspin, mon vieil ami, dit Gérard attendri. Il ne faut pas m'en vouloir de mes vivacités. Savez-vous que je finirai par devenir méchant à force de lutter contre tous ces méchants... Mais le jour est grand déjà... Voyons un peu les nouvelles. Est-ce que vous avez entendu parler de quelque chose?

— Non.

— Je m'étonne de n'avoir pas encore reçu d'ordres pour cette attaque, voilà mes hommes qui se réveillent seulement. On les aura laissé dormir longtemps pour qu'ils soient plus frais. Faites-moi le plaisir d'aller jusque chez M. de Rubantel et demandez-lui ce qu'il faut penser de ces ridicules arrêts que Louvois a infligés hier à tout le monde sans exception. Lorsque tant de gens sont aux arrêts personne n'y est.

Cependant je ne voudrais pas sortir de chez moi avant de savoir à quoi m'en tenir ; Louvois serait capable de me jouer quelque mauvais tour. Allez, dis-je, trouver Rubantel, et rapportez-moi l'ordre du jour qu'il doit avoir reçu du quartier-général.

— J'y vais de ce pas; viens, Amour, s'écria Jaspin radieux. Cependant, une recommandation, permettez-la moi, Gérard. Soyez brave aujourd'hui, vous ne sauriez vous en empêcher; mais ménagez-vous bien!... Défiez-vous des faulx avec lesquelles ces coquins vous écharpent... Comme s'il était convenable de traiter des gentilshommes comme des tiges de foin!

— Oui, mon ami, oui.

— Et puis... quand vous serez revenu vainqueur, car vous reviendrez, je vous le prédis...

Gérard sourit tristement.

— Oh! je vous le prédis!... s'écria Jaspin. Vous ne mourrez pas aujourd'hui, je le sais!

— Vous le savez! prophète?...

— Dieu me l'aurait dit! répliqua Jaspin avec une sérénité touchante. — Eh bien, quand vous serez revenu, pas de duel! rien ne pourrait vous sauver!

— Allez, Jaspin, allez chez Rubantel ; je m'ennuie de demeurer ici dans l'ignorance de ce qui se passe.

— Eh! mais, s'écria l'abbé, que vois-je venir là-bas à cheval! c'est M. de Rubantel lui-même avec un gros de cavaliers.

— Mais oui... oui... Eh bien! si le général est dehors, c'est qu'il est relevé de ses arrêts, par conséquent je suis relevé aussi... Allons, Jaspin, allons, Amour, nous sommes libres.

Et Gérard se mit en marche, Amour lui

sautant jusqu'à la hauteur de l'épaule qu'il caressait de ses pattes, Jaspin se frottant les mains et se répétant tout bas que rien n'était perdu puisque la marquise avait forcé Louvois de faire lever les arrêts.

Mais ils n'allèrent pas loin, le général les reconnut et leur fit signe de la main qu'ils n'avançassent pas davantage. Gérard s'arrêta surpris — Rubantel mit pied à terre, donna son cheval aux cavaliers qui l'attendirent et s'avança vers M. de Lavernie avec de gros yeux pleins de signification.

— Eh! qu'y a-t-il, mon général, dit Gérard, comme vous paraissez ému?

— Ne sortez pas! ne sortez pas, s'écria Rubantel.

— Pourquoi donc?

— Parce que vous êtes aux arrêts, pardieu!

— Mais vous y êtes aussi, vous, général!

— Moi, j'ai été relevé.

— Et les Suisses?

— Relevés.

— Et les gardes? et M. de Saillant?

— Relevés!

—Je suis donc le seul qu'on ait puni.

— Oui. Oh! c'est une histoire qui fait un bruit terrible. Il paraît que le roi est furieux.

— Furieux de quoi?

— On vous accuse d'avoir intrigué pour obtenir l'attaque.

— Mais ce n'est pas vrai, vous le savez bien.

— Mieux que personne; enfin on le dit.

— Vous le démentirez, j'imagine.

— Je l'ai démenti ce matin devant M. de Louvois, en présence de vingt officiers.

— Qu'a-t-il répondu?

— Que l'on savait ma tendresse pour vous; que je cherchais à pallier vos torts, mais que personne n'était dupe de ma générosité; que chacun connaissait votre ambition, votre caractère insociable... J'ai voulu répliquer, il m'a fermé la bouche; j'ai insisté, je me suis démené, il m'a tourné les talons.

Gérard passa une main sur son front, comme pour en arracher les affreux rêves qui le brûlaient.

— Ah çà, mais, dit-il lentement, ce Louvois est le plus abominable scélérat qui ait jamais existé.

Ce n'est pas un scélérat, c'est un ennemi. S'il vous aimait, il ferait périr cent mille hommes pour vous servir. Il vous hait, et cent mille hommes ne lui coûteront rien pour qu'il vous perde.

— Oh! cette accusation d'intrigue contre moi, c'est une iniquité!

— S'il n'y avait que cela! murmura le général.

— Il y a encore quelque chose?

— Oui, et d'abord les chevau-légers ne marcheront pas aujourd'hui ; ce sont les gardes qui redoublent, soutenus par les mousquetaires.

— Pour cela, passe, c'est juste ; mais que férons-nous ?

—Les chevau-légers se tiendront prêts en cas d'attaque générale, parce que M. de Vauban assure que si l'ouvrage à cornes est vite emporté, on peut du même temps s'aller loger par delà le ravin jusqu'au bastion plat : alors il faut que tout le monde donne. Seulement les chevau-légers n'ont pas la place d'honneur.

— Mon-général, s'écria Gérard en serrant les mains du vieux soldat, soit en avant, soit à l'arrière-garde, soit à l'assaut, soit en rase campagne, je saurai bien montrer au roi que M. de Louvois est un belître et que je suis un brave homme. A quelle heure marche-t-on ?

— A neuf heures, au signal de la treizième bombe qui sera tirée.

— Il est temps qu'on fasse ses préparatifs alors, et que nos hommes déjeûnent bien; car on en aura pour jusqu'au soir.

Et Gérard fit un mouvement comme pour aller donner ses ordres. Rubantel le retint par la main.

— Vous ne pouvez pas, lui dit-il.

— Comment?

— Vous êtes aux arrêts, mon pauvre ami, et l'officier aux arrêts ne commande pas.

— Oh! mon Dieu! s'écria Gérard en pâlissant. Aux arrêts... aujourd'hui? jusqu'à neuf heures seulement, n'est-ce pas?

— Plus tard que cela, dit Rubantel ému.

—Aux arrêts! ma compagnie marchera et je resterai... c'est impossible, mon général.

Rubantel garda le silence.

— Les gardes iront au feu; les Suisses, les mousquetaires, les chevau-légers eux-mêmes, et moi, moi seul, je garderais le camp! Mais je n'ai rien fait, mon général... Vous savez bien que je n'ai rien fait!

— Cher Lavernie! calmez-vous.

— Et c'est à Louvois que je devrai cette honte, cet opprobre infâme!

— Mon ami, dit Rubantel.

— Sang et mort! s'écria Gérard en crispant ses poings! Je jure que je tirerai de cet homme une vengeance terrible!

Jaspin se précipita vers le comte et lui mit une main sur la bouche. Rubantel l'embrassa.

Gérard, se dégageant de leurs étreintes, chercha des yeux le chemin le plus court pour aller joindre Louvois.

— Par grâce! s'écria Jaspin, retenez-le, monsieur; s'il s'échappe, il fera un grand malheur. Voilà la première fois de sa vie qu'il jure.

On voyait s'approcher, timidement d'abord, puis avec plus de hardiesse, des soldats et des valets effrayés par la colère de Gérard et les terribles paroles qu'il venait de proférer.

— Jour de Dieu! lui dit Rubantel, on vous a entendu, peut-être. Prenez garde! et si vous ne vous ménagez plus, ménagez-moi. J'ai ordre de vous consigner à votre quartier. On m'accuserait de faiblesse à votre égard.

— Vous avez ordre... balbutia Gérard.

— Voyez, dit Rubantel, on m'avait donné des cavaliers pour vous garder.

— Voilà le dernier coup, murmura l'infortuné dont le visage se couvrit d'une pâleur funèbre. Ordre de me garder... comme un malfaiteur, comme un traître... moi! N'ayez pas peur, mon général, je suis brisé... je n'en puis plus... c'est fini.

Et le malheureux jeune homme s'en alla chancelant, tomber sur un siége à l'entrée de sa tente, les bras inertes, la tête vide, l'œil mort. L'agraffe de son ceinturon se rompit, l'épée heurta le pied de fer d'une table avec un retentissement lugubre.

Rubantel, après avoir embrassé ce corps immobile et pressé ces mains glacées, recommanda aux cavaliers de veiller sur la santé du comte bien plus que sur sa conduite, et lorsqu'il eut échangé avec Jaspin quelques affectueuses paroles, il s'éloigna le cœur navré.

Un long temps s'écoula dans cette morne stupeur; on voyait cet homme si courageux et si fort sanglotter comme une femme. Le tremblement nerveux qui secouait ses membres agitait autour de lui les meubles, les toiles, le sol même de la tente qui l'abritait.

Jaspin, épouvanté de cette douleur et de ces souffrances, priait et tremblait aussi dans son coin.

Les soldats mis en faction au seuil de la tente regardaient de temps en temps avec une compassion inexprimable leur officier en proie à une agonie qui n'avait pas comme toutes les agonies la ressource d'aboutir à la mort.

Tout à coup les bombes éclatèrent. A la treizième le canon gronda, un bruit épouvantable déchira les airs et fit rebrousser les nuages : l'attaque commençait.

Une grêle de bombes et de boulets cribla l'ouvrage menacé pour en déblayer toutes les avenues. La place resta muette, réservant son feu pour le moment de l'assaut; les cent pièces de canon françaises dirigées par Vauban tirèrent mille coups en une demi-heure. On entendait par dessus le bruit de l'artillerie, le bruit des écroulements et les cris des blessés.

Gérard souleva sa tête appesantie, écouta comme un homme ivre qui ne comprend plus rien, qui ne sent plus rien de la vie. Cet épouvantable fracas finit par réveiller en lui l'idée de son malheur et de sa honte. Après avoir entendu quelques minutes, il fit un bond pour saisir son épée tombée à ses pieds, et s'allait jeter hors de la tente comme s'il ne pouvait résister à la formidable voix du canon qui l'appelait. Mais, sur le simple geste des soldats, qui doucement effleurèrent sa poitrine de leurs mains étendues, Gérard s'arrêta; son œil étincelant s'éteignit de nouveau. Il contempla comme à travers un brouillard les bataillons s'élançant dans les flammes, l'éclair des armes, le pêle-mêle de l'assaut dans la fumée; puis, semblable à un spectateur fatigué qui revient, il rentra dans sa tente et s'assit encore, — cette fois sans soupirs, sans cris, sans agitation.

La crise était finie, Gérard avait bu le calice, il s'était fortifié par une prière à Dieu et par un souvenir donné à tout ce qu'il aimait. Dieu lui répondit par la voix de sa conscience qui l'absolvait de toute faute. Il lui répondit aussi par une sorte de miracle, puisque l'un des factionnaires écartant le rideau :

— Mon lieutenant, dit-il, voici des visites qui vous arrivent.

— Des visites? répliqua Gérard toujours

morne, et ne comprenant plus que personne songeât à lui dans le monde.

— Un beau jeune homme, une jolie dame qui descendent de cheval et se font conduire ici par votre laquais.

Jaspin sortit pour voir, et poussa un cri de joie.

— Qu'est-ce donc, mon Dieu! demanda Gérard en essayant de marcher.

— Moi! répliqua la joyeuse voix de Belair, qui s'élança au cou de son ami.

— Et moi, dit de sa douce voix, Violette, en pénétrant, pareille à un ange radieux, dans cette demeure sombre et désolée qui s'emplit à l'instant même de parfums, de joie et de lumière.

II

LA CAGE ET LES ROSSIGNOLS.

Comment Gérard n'eût-il pas senti son cœur renaître à l'aspect de tant de beauté! Comment n'eût-il pas repris courage en voyant tant de dévouement!

Belair, en effet, risquait sa tête ou sa liberté, à venir dans le camp de Louvois, sous les yeux de Louvois, affronter les rancunes d'un homme qui ne pardonnait jamais.

Et Gérard et Jaspin frémirent, malgré leur habitude du danger, en songeant à tout ce qui menaçait leur ami, le souriant, l'épanoui Belair, qui accourait tête baissée dans la gueule de ce loup dévorant.

Il devina leur crainte en voyant se plisser leurs fronts.

— Bah! dit-il, avant tout il me fallait

votre présence et votre main ; et puis que ferait contre moi le ministre, puisque je suis l'ami du roi !

— Du roi ! s'écrièrent à la fois Jaspin et son élève.

— Du roi Jaspin, continua triomphalement le musicien.

— Oh ! silence, interrompit l'abbé, depuis ce jour heureux où vous me proclamâtes roi, que d'événements, que de démentis à notre fortune ! Que de fois la médaille nous a montré son revers !

— Ainsi, nous ne régnons plus? dit Belair étonné.

Jaspin, en peu de mots, raconta l'histoire de tout ce que souffrait Gérard, sa faveur, puis les manœuvres de Louvois.

— Eh mais, c'est effrayant pour vous, dit Violette assombrie, en interrogeant Belair du regard. Quoi! seuls nous sommes heureux!

— Profitez-en bien! dit Gérard.

— C'est ce que nous faisons et que nous

voulons vous voir faire, ajouta Violette : nous sommes venus ici pour cela : et d'abord, un peu de jour, un peu d'air; vous êtes enfermé comme en une prison.

— J'y suis, en prison.

— Les arrêts, c'est un mot! la prison, c'est un carré de toiles... Regardez le ciel, là haut, il est bleu! voyez l'herbe, là bas, elle est verte... Allons, oubliez les maux, ce sera le commencement du bonheur! Vous n'avez point de place parmi ceux qui se battent là bas et cela vous désespère... folie! Ne reconnaissez-vous pas dans ce prétendu malheur le doigt de la Providence qui vous protége?

— Oh! Violette, quel paradoxe!

— Eh! sans doute; vous seriez tué peut-être à l'heure qu'il est, ou manchot, ou borgne, et votre maîtresse ne vous aimerait peut-être plus vivant, en admettant qu'elle n'eût pas à vous pleurer mort.

— Violette a une manière à elle de voir les choses, dit Belair; cela paraît paradoxal au premier aspect, puis on s'y accoutume. C'est ainsi que, d'abord, je doutais, et m'effrayais comme vous; puis, par degrés, à force de regarder dans ses prunelles nacrées, j'y ai pris pour mon optique un reflet irisé de rose et de vert qui me peint toute laide chose de ces deux nuances charmantes : l'espoir et l'amour.

— Je serai plus difficile à persuader que vous, répondit Gérard. Mes obstacles, à moi, ne sont pas comme ceux que vous avez rencontrés.

— Ne dites donc pas cela, repartit Violette. Vous aimez une charmante jeune fille qui vous aime. — Elle vous aime, n'est-ce pas ?

— Je le crois.

— Elle est bien à vous : elle n'est pas mariée, celle-là !

— Non!

— A un Desbuttes, à un homme qui dit toujours : J'apprécierai!

— S'il n'avait que ce défaut, dit Belair, on le lui passerait.

— Heureusement pour vous, monsieur, qu'il en a d'autres, s'écria Violette. — Mais pourquoi parler de M. Desbuttes?

— C'est bien vrai, se hâta de dire Belair, nous ne sommes pas ici pour cela.

Et remarquant la préoccupation de Gérard qui dressait l'oreille avec tristesse à chaque explosion de l'attaque lointaine.

— Nous sommes venus, dit-il, pour nous réjouir et réjouir tout le monde autour de nous. Voyez l'admirable soleil! n'a-t-on pas ici un peu de vin? Violette, cherchez bien partout; nous sortirons de cette tente; nous irons nous asseoir sur des nattes et des manteaux au penchant de ce tertre.

— Et nous parlerons de tout ce qui est gai, dit Violette, et Belair vous chantera les nouvelles chansons qu'il a faites.

— Oh! oui, s'écria Jaspin.

— Chanter quand on se bat à Mons! interrompit Gérard ; que dirait-on de moi!

— Ils font trop de bruit pour qu'on nous entende, répliqua Violette, et M. de Louvois, s'il entendait, en crêverait de rage. Avez-vous des scrupules après tout ce qu'il vous a fait?

— Disgrâcié ou non, je suis un soldat.

— Non, dit Belair avec fermeté, vous êtes un prisonnier.

— D'ailleurs ce n'est pas vous qui chanterez, ajouta Violette, ce sera Belair.

— Belair ou moi, qu'importe, s'il y a du danger.

— Encore un coup, je vous dis que les dangers ne nous effraient point. Tranquillisez-vous à notre sujet, dit Violette. Nous ne risquons rien.

— Vous risquez, puisque vous êtes heureux! murmura Gérard.

— Oh! interrompit Belair, notre bonheur à nous est de ceux qu'on ne trouble point.

— En vérité! dit Gérard avec un doute sinistre.

— Non, répliqua la jeune femme d'un ton d'assurance.

— Et pourquoi, demanda Jaspin.

— L'amour les a-t-il faits immortels? s'écria Gérard.

— Non, mais il nous élève au-dessus

de toutes les misères terrestres;— nous voulons être heureux, nous le sommes.

— Nous n'avons, continua Belair, ni ambition ni crainte.

— Comme vous dites cela, enfants! quoi vous n'avez pas même peur de Louvois?

— Bien peu, dit Violette.

— Elle m'épouvante, l'abbé — et vous, Belair, êtes-vous aussi rassuré que Violette?

— Elle m'a communiqué toute sa tranquillité, s'écria gaiement Belair, en sorte que je passerais au travers du feu sans sourciller, pour peu qu'elle y passât la première.

— Alors, vous avez un philtre, une amulette? dit Gérard.

— Peut-être bien, répondit la jeune femme, avec un sourire plein de charmants mystères.

— Allons! tant mieux, mes amis. Cependant, je ne conçois guères pourquoi vous avez risqué de venir si près du ministre dont un signe pourrait anéantir Belair.

— Il ne fera pas ce signe.

— En vérité? dit Gérard. Si j'étais curieux, je vous en demanderais la raison.

— Et si nous étions bien seuls, répliqua Violette, je vous la donnerais.

— Vous avez déjà peur, vaillante, et peur des ombres!... Mais nous sommes en sûreté puisque nous sommes en prison, dit Gérard. Au dehors je ne vois que les factionnaires, avec qui mon laquais joue aux cartes, et les toiles d'une tente ont cela d'avantageux, que nul espion ne peut se cacher dans leur épaisseur. Ainsi, parlez sans crainte et faites-moi participer un peu à cette sécurité si téméraire selon moi.

— Ce sera bientôt dit.

— Vous avez les moyens de dompter cette bête féroce?

— Avec un mot.

— Cabalistique? dit Jaspin.

— Oh non, un mot simple, un mot que tout le monde peut prononcer.

Gérard lui prit la main.

— Enchanteresse, dit-il, vous dissiperiez un orage au ciel rien qu'avec votre sourire.

— N'est-ce pas?

— Oui, mais vous ne changeriez pas en sourire la grimace de bronze de Louvois.

— Peut-être bien; mais je crois que je

changerais son sourire en grimace; cela vaut mieux.

— Oh! que je paierais cher, si j'étais riche, pour avoir un secret pareil, s'écria Jaspin en levant les mains au ciel. Vous l'avez, vous, Belair?

— Non. Madame me l'a toujours refusé. N'est-ce pas, Violette?

— Oh! messieurs, un secret est un secret, dit Gérard avec douceur :

— Comment ne vous en êtes-vous pas

servie pour empêcher Belair d'être persécuté par Louvois, pour empêcher votre mariage, que dis-je, pour faire rendre justice à votre pauvre père lorsqu'il vivait si tristement?

Le front si pur de Violette se couvrit d'un nuage.

— C'est qu'alors je ne le savais pas, murmura t-elle. Mais ne vous donnez pas tant de peine pour cacher votre incrédulité. Avez-vous besoin que je vous aide en quelque chose, me voici avec mon mot.

— Ce mot peut-il faire tomber Louvois

raide mort, demanda Gérard, afin de m'épargner l'extrémité de le tuer.

— Non, mais il pourrait l'empêcher de tuer quelqu'un, et c'est pour cela que je le garde. Le jour où M. de Louvois menacera un de ceux que j'aime, — ou me menacera moi-même, — ce jour-là, je m'en servirai.

— Si vous saviez comme je suis menacé! dit Gérard avec un triste sourire. Il est vrai que vous ne m'aimez pas, et que Belair aussi serait menacé, si Louvois le rencontrait.

— A vous dire le vrai, c'est pour lui que

j'ai mis mon secret en réserve, dit tout bas la charmante femme, car je prends son avenir à cœur.

— Si efficace que soit votre talisman, tâchez de ne pas en avoir besoin, madame.

— Oh! je ne cherche pas le serpent, mais je suis aise de savoir que si je le rencontrais, j'aurais plus de bonheur que notre mère Eve : je lui écraserais la tête.

— Tout-à-fait? demanda Jaspin.

— De mon mieux. — Mais le serpent n'y est pas; où est-il?

— Là-bas ! aux fossés, poussant les bataillons au carnage, comme le forgeron pousse au feu les lames de métal qui se tordent et qui fondent.

— Nous avons quelques instans à nous, dit Violette ; bien peu, trop peu, mettons-les à profit. Donnez-moi la main, comte ; vous, Belair, prenez le bras de M. l'abbé, et asseyons-nous dehors, de façon à ne pas perdre une seule des caresses de ce radieux soleil.

— Mais je suis aux arrêts, ne l'oubliez pas, mes chers amis.

— Dans cette tente? absolument sous

ces toiles? absolument sous les douze pieds carrés qui ces piquets enferment?

— Hélas! oui.

— Ce serait puéril, dit Violette, vous ressembleriez à l'enfant qu'on met en pénitence, au quadrupède qu'on attache à un piquet.

— Cela est ainsi.

— Alors dépêchez-vous de n'être plus soldat, sinon vous cesseriez d'être une créature pensante.

— On ne pense que trop lorsqu'on est attaché !

— Venez, venez au soleil.

— Les factionnaires ne me laisseront point passer.

— Je le leur demanderai, moi, dit Violette.

Et en effet, elle prit Gérard par le bras et le conduisit au petit tertre de verdure avec un regard tellement chargé de séductions, que les deux surveillans aimè-

rent mieux laisser sortir leur prisonnier
que de s'exposer à faire cesser le charme
de ce sourire. D'ailleurs, ils ne se com-
promettaient pas beaucoup. Gérard n'était
pas homme à fuir.

Ce fut alors que les quatre amis pu-
rent achever de s'ouvrir leurs cœurs.

— Décidément, dit Violette lorsqu'elle
eut absorbé la molle tiédeur de ces rayons
printaniers, j'espère que M. le comte ne
demeurera pas plus longtemps retenu
dans ces piéges qu'on appelle la disci-
pline, la subordination, la hiérarchie militaire.

— Oh! oh! que voilà bien le langage d'une femme! s'écria Belair.

—Resteriez-vous aux arrêts, vous? demanda Violette au musicien.

— Je ne dis pas, mais moi, que suis-je? un rossignol, un petit oiseau obscur, vêtu d'un habit brun, et grand ami de l'ombre. Chez les rossignols, le gros ne met pas le petit aux arrêts; mais lorsqu'on veut comme notre Gérard, se broder d'or et porter une belle cuirasse ciselée, faire sonner des éperons et commander à d'autres hommes, il faut savoir ronger un frein : on ressemble au cheval de guerre.

« Tu veux une housse brodée, lui dit son maître, des harnais plaqués d'or ; eh bien, souffre le mors, souffre l'aiguillon, souffre la houssine. »

Jaspin soupira.

— Il doit y avoir de beaux vers latins sur ce sujet là, dit-il.

— Venez, venez vite avec nous, ajouta Violette en serrant les mains du comte. Renoncez à une vaine gloire ; faites-vous libre comme nous !

— Libres ! s'écria Jaspin, vous ! Qu'est-ce que j'entends là.

— Mais oui, libres ? Ne le sommes-nous pas, dirent tranquillement les deux rossignols, étonnés qu'on leur contestât leur indépendance.

— Et M. Desbuttes ? madame.

— Oh ! par grâce, n'en parlons plus. Je croyais que c'était convenu déjà.

— Bah ! s'écria Jaspin, vous en êtes venus à ne plus parler de lui ; oh ! mais vous êtes deux créatures accomodantes ! vous ouvrez vos ailes, vous volez par dessus les obstacles !

— Non pas quant à celui-là du moins, reprit Violette d'un air sérieux. M. Desbuttes reconnaîtra bientôt qu'il n'a aucun droit sur moi et me rendra ma liberté.

— En vérité! dit Jaspin; je ne vous ai peut-être pas mariés, on l'aura rêvé !

— Pour moi, c'est bien un rêve, dit Violette; M. Desbuttes m'avait épousée croyant m'aimer ; il s'aperçoit qu'il ne m'aime plus...

— Ou que vous ne l'aimez pas, interrompit Jaspin.

— J'ai été franche sur ce sujet avec lui, monsieur l'abbé ; il sait que je ne l'aimais pas, et avant peu il saura que j'en aime un autre. Je ne veux pas tarder plus longtemps à le lui apprendre.

— Fort bien, dit l'abbé en hochant la tête, mais les choses ne se passent point de la sorte, ma belle filleule. Vous tirez le canon sur les commandements de Dieu et sur la loi humaine..

— Non M. l'abbé, répondit avec une grâce charmante et en rougissant la jeune femme, les hostilités n'ont pas commencé.

— Allons donc! fit Jaspin en regardant Belair qui rougissait comme Violette, ce qui faisait de ces deux amans les plus ravissantes images de la pudeur et de l'honnêteté dans l'amour.

— Nous ne sommes pas devant le confesseur, répliqua Belair, mais j'affirme qu'elle dit la vérité.

—Dès que vous affirmez et qu'elle rougit, dit Gérard avec un doux sourire, je crois ; mais alors vous êtes des anges de vertu, mes amis, et j'en reviens à ce que je disais tout-à-l'heure : Profitez du présent.

— Non, le présent nous le tenons comme nous tenons l'avenir ; il faut vouloir en ce monde, cela ne manque ni à Violette, ni à moi. Un bon plan et du vouloir, avec cela on va loin.

— Où allez-vous? demanda Gérard.

— Voici en deux mots : M. Desbuttes est parti pour une mission que lui donne M. de Louvois.

— Oh ! s'écria Jaspin avec inquiétude, à quel endroit cette mission ?

— Nous n'en savons rien, seulement il

reviendra par Paris, où il m'a priée de le rejoindre.

— Voilà votre liberté !

— Patience ; au lieu de l'attendre à Paris, nous partons pour Rouen, une nuit, à cheval, et nous embarquons pour le Havre ; du Havre, certain bateau nous mène en Angleterre.

— Est-ce possible ? dit Gérard.

— Si ce n'est pas impossible, répliqua Violette en riant, c'est fait.

—Pauvre enfant ! et vivre? car je devine que vous laisserez à M. Desbuttes ses gros écus.

— Ecoutez nos moyens de vivre, murmura Violette à voix basse : — Nous trahissons notre patrie pour l'étranger.

— Hein ! fit Jaspin.

— Nous vendons nos cordes au roi d'Angleterre.

— Vos cordes ?

— De guitare. — Belair a un engagement superbe, qui nous a été procuré par un de nos plus grands ennemis.

— Un de vos ennemis : rêvez-vous ?

— Non, nous avons reçu à Houdarde une lettre ainsi conçue :

« Un de vos ennemis, maintenant votre ami, puisqu'il est devenu l'ennemi de votre mortel ennemi, a parlé de votre talent au plus intime ami de S. M. le roi d'Angleterre.

—Que d'amis et d'ennemis ! s'écria Jaspin. Voilà un fouillis !

— Attendez la fin, dit Violette :

« S. M. vous verra volontiers à Londres, après la campagne. S. M. est magnifique... Signé : Votre ex-ennemi. »

— Quelque piège, interrompit Jaspin.

— Il serait trop grossier, répondit Belair. D'ailleurs, dans huit jours, nous ne le craindrons plus. Vous voyez, comte, ce que nous nous réservons ; imitez-nous. Donnez votre démission, Gérard ; foin des honneurs qui vous rendent si malheureux... Enlevez encore une fois, mais cette fois pour tout de bon, la pauvre Antoinette ; conduisez-la seulement aux lignes hollandaises, à six lieues d'ici, et je me charge d'arranger cette affaire-là avec le roi d'Angleterre, par l'entremise de ma guitare. Nous nous rejoindrons ; nous vivrons tout quatre, que dis-je, tout cinq ; je gagnerai beaucoup de guinées ou de florins ; nous attendrons que Louvois soit mort de rage, ce qui ne peut tarder, et je rapporterai en France Violette, guitare et guinées ; vous, vous êtes réintégré dans le manoir paternel. Amour peut vivre assez pour voir ce retour de l'exil. Allons, mon ami, mon frère, ne désespérons pas ; rions, aimons, chantons !...

Il prit un verre où brillaient les to=

pazes d'un vieux vin d'Espagne que le gouverneur du pauvre cornette avait donné à Jaspin ; il l'éleva au soleil qui en fit jaillir des bulles de flammes, et, souriant à Violette qui lui faisait raison, à Jaspin que ces plans de félicité rajeunissaient malgré sa défiance ; à Gérard que la douce pression de deux mains amies consolait et guérissait de tous ses maux :

A l'amour ! dit-il ; à la jeunesse ! à cinquante années de bonheur et de chansons !

Et les verres s'entrechoquèrent.

— Par la mordieu ! dit une voix de

tonnerre derrière eux, voilà donc comme on garde les arrêts?

Ils se retournèrent. C'était Louvois revenu de la tranchée qui avait passé par le chemin creux, et regagnait son quartier après avoir rendu compte au roi du succès de l'attaque.

Tous se levèrent, excepté Gérard, que Jaspin retenait à deux mains en priant Dieu de lui inspirer la patience.

— Avec du vin! avec des filles! continua le ministre qui n'avait pas encore reconnu Belair.

— Des filles ! s'écria celui-ci en se montrant fort pâle et fort irrité à Louvois.

— Ah ! ah ! fort bien, gronda le tigre à l'aspect de cette proie, l'ami du cœur, Pylade accouru pour consoler Oreste !

Et déjà il se retournait pour donner quelques ordres à son escorte.

— Voici le moment d'essayer le pouvoir de mon talisman, dit Violette avec un enjouement que démentait bien un peu la mate blancheur de ses joues.

Elle s'approcha de Louvois comme une fée, le fascina de ses deux grands yeux profonds, et montant familièrement sur son étrier pour se pencher à son oreille, lui murmura une courte phrase que personne ne put entendre.

Le front de Louvois s'obscurcit, tous ses traits se décomposèrent, il fixa sur Violette un regard effrayant. La jeune femme sauta en bas comme un oiseau, regarda encore le terrible ministre qui, après réflexion, baissa la tête sur sa poitrine et passa son chemin sans avoir répondu un seul mot. L'escorte le suivit; tout redevint tranquille.

— Miracle! dit Jaspin encore frissonnant.

— Oui, miracle, répéta Belair.

— Oh! magicienne, s'écria Gérard, apprenez-le moi, ce mot qui fond la colère de Louvois.

— C'est le seul héritage que m'ait laissé mon pauvre père au lit de la mort. Ce mot magique, c'est une fleur funéraire que j'ai cueillie sur les lèvres du mourant, avec sa bénédiction et son dernier soupir. Le secret de Louvois, révélé par mon père, lui eût coûté la vie, comme il lui a coûté les yeux. Il s'est tû jusqu'à son dernier jour. Alors, délivré de toute crainte, n'ayant plus affaire qu'à Dieu, il me conta pourquoi sa vie avait été un douloureux martyr.

— Si jamais M. de Louvois te menace, ajouta mon père, toi qui n'as à trembler pour personne, défends-toi maintenant avec ce secret. »

Mon père avait raison; ce secret est efficace, et Louvois a eu peur.

Belair et Violette se mirent à rire avec triomphe.

— Malheureux enfants! s'écria Gérard, fuyez! fuyez! puisque vous avez fait trembler Louvois. Oh! j'ai lu d'affreuses pensées dans son silence. Sa modération, c'est une tempête qui couve! Fuyez!

— Il a raison, dit Belair ému.

— Oui, répéta Jaspin, et votre gaîté me blesse jusque dans la moëlle des os.

— Mais, objecta Violette un peu refroidie, si le talisman a été bon une fois, il le sera encore.

— Bon, parce que vous étiez en présence de cent oreilles qui pouvaient entendre. Mais une fois seule en ce camp, où Louvois est le maître!... Oh! Belair, mon ami! oh! Violette, chère petite sœur! à cheval : Fuyez! fuyez!

Le vertige de la peur saisit un moment ces deux enfants, qui coururent à leurs chevaux, oubliant les verres, les chansons et le bonheur.

— Par les routes détournées! dit Belair à sa compagne.

— Non pas! s'écria Gérard, en pleine

grande route, au contraire, avec du monde, devant du monde, toujours à portée d'être entendus. Oh! mais n'oubliez pas que votre secret est votre seule sauve-garde! Abritez-vous derrière, et tant que Louvois craindra que vos paroles ne soient recueillies par quelqu'un, vous serez sauvés.

Les trois amis s'embrassèrent avec des soupirs.

— C'est fini, dit Violette, voilà que toute ma joie est partie, j'ai un brouillard devant les yeux, un glaçon à la place du cœur.

— Adieu! adieu! je ne vous plains pas, répliqua Gérard; vous emportez avec vous le soleil qui éblouit et qui brûle : vous emportez un amour heureux!

— A Londres? n'est-ce pas, lui dit Belair à l'oreille — trêve de grandeurs, paix et joie pour toujours. Nous vous attendrons avec Antoinette et Jaspin.

— Eh bien oui! s'écria Gérard. Mais adieu, adieu, adieu.

Une dernière pression réunit leurs mains palpitantes. Belair fit un signe à

Violette; les chevaux bondirent; les rossignols s'envolèrent.

Gérard rentra dans sa prison.

III

DERNIÈRE RESSOURCE.

On apprit dans la journée combien avait été heureux le succès de cette attaque sur l'ouvrage à cornes, et toutes les prévisions de Vauban s'étaient réalisées.

Une grande partie des travaux de l'ennemi avait été ruinée. Deux bastions seuls tenaient encore, et la prise de Mons n'était plus désormais qu'une question de temps si la place ne parvenait à être secourue.

Les gardes-françaises avaient réparé glorieusement l'échec de la veille. Les mousquetaires, envoyés pour les soutenir, ayant donné imprudemment et sans ordres, s'étaient fait écharper entre deux feux qui les avaient décimés.

Mais, nonobstant ces désastres, la victoire était complète; c'était dans le camp français des réjouissances et des chants de triomphe qui arrivaient comme autant d'insultes au cœur de Gérard.

Rubantel, mécontent de n'avoir eu rien à faire avec ses chevau-légers, se renferma chez lui après une courte visite faite à son lieutenant. Il devenait dangereux, pensa-t-il, de témoigner trop d'affection à un homme aussi compromis que l'était Gérard par son inimitié avec Louvois.

Et cependant Rubantel était brave et loyal parmi les plus loyaux et les plus braves. Mais à quoi bon irriter un ennemi comme le ministre de la guerre? Ne peut-on plaindre un officier et lui témoigner de l'estime, sans se faire champion de ses haines, et risquer par cette amitié tout un avenir dépendant des caprices de ce Louvois tout puissant?

La philosophie de Rubantel s'arrêta au danger lorsque le danger lui parut inutile à braver. Gérard lui-même ne trouva pas qu'il eût tort.

Mais au moment où le vieux général sortait de chez son lieutenant, celui-ci se rappela qu'il n'avait pas encore appris de quelle durée seraient les arrêts qu'on lui avait infligés.

Il s'étonna aussi de n'avoir pas reçu la visite des gardes françaises et des suisses pour les quels il subissait cette punition inique. Mais il supposa que ces messieurs fêtaient leur triomphe et n'en viendraient que plus tard à songer à lui.

Il expédia donc un de ses bas-officiers à M. de Louvois avec ce seul mot :

« Combien dureront les arrêts de M. de Lavernie? »

Et pendant que la commission se faisait, Gérard se mit à causer avec Jaspin de Violette et de Belair, qui avaient apporté tant de joie en quelques heures à leur ami, et qui lui paraissaient, malgré toute leur confiance, avoir remporté du camp un malheur éternel.

Jaspin l'entretenait dans ces sombres idées, lui que le fantôme de Louvois effrayait facilement. Et tous deux, de supposition en supposition, avaient atteint le paroxisme de l'inquiétude et du rêve noir, lorsqu'on vit de loin revenir paisiblement le messager qu'avait expédié Gérard à M. de Louvois.

— Voyez-vous, dit Jaspin, le beau temps continue, ce scélérat de Louvois s'en aperçoit, et pour vous contrarier, pour vous clouer sous la tente il va doubler vos arrêts.

— Mais, cher maître, pour doubler un chiffre il faut connaître ce chiffre, connaissons-nous le nôtre?

— Je mets douze heures, répliqua Jaspin et je double...

— Vingt-quatre! en temps de siége, quand les occasions éclosent à chaque minute, et que c'est un vol de profit et de gloire qu'on fait toutes les heures à un officier. Non, j'en ai pour douze heures, jusqu'au soleil couché.

Jaspin secoua la tête.

— Vous avez donc bien besoin d'être libre à ce moment là, que vous oubliez la haine du ministre et la joie que vos tourments lui peuvent causer.

— Oui, j'ai hâte d'aller faire une promenade dans la campagne : voilà longtemps, hélas! que je n'ai vu les arbres, la plaine.

— Bon! vous ne voyez que cela.

— Il y a plaine et plaine, mon ami.

— Je comprends, vous aimez les paysages variés, un grand mur, puis un groupe de petits bois et de pièces d'eau ; — un couvent même ne vous déplairait pas. — Aimez-vous l'entrée de St-Ghislain ?

— Cher abbé, c'est vrai, je veux aller à St-Ghislain.

— Voir des murs ?

— Oh ! qu'il est doux parfois de regarder une muraille ! que les pierres sont éloquentes ! que la ravenelle vous dit de choses en se balançant ! Tous ces brins d'herbe, tous ces morceaux de grès ou de brique ont l'air d'être aveugles, muets et froids, n'est-ce pas? Eh bien non, Jaspin, ils entendent chaque soupir et ils voient chaque passant. Ce que je soupirerai là bas en cotoyant le mur, la petite fleur le redira de l'autre côté en se penchant vers l'intérieur du couvent. Si Antoinette se promenait dans le jardin de l'abbaye au moment où je passerai dehors, il n'y a pas une pierre, il n'y a pas une plante de la muraille qui se retienne de tressaillir ou de m'envoyer un parfum plus doux pour m'avertir que ma bien-aimée est là.

— Alors, répliqua Jaspin en souriant

avec son affectueuse bonhomie, supposons que M. de Louvois n'a pas eu de rancune, puisqu'il nous faut notre liberté ce soir. J'espère douze heures d'arrêts, je me rétracte.

Le messager entra dans la tente ; il rapportait le papier que Gérard lui avait fait porter. Au bas de la ligne laconique, Louvois avait répondu avec plus de laconisme encore :

HUIT JOURS.

Les yeux de Gérard s'ouvrirent comme s'il se fût défié de sa vue, comme si ces deux terribles mots lui eussent paru trop énormes pour être lus par un regard ordinaire.

— Huit jours ! s'écria-t-il avec épouvante.

Jaspin ramassa le papier, qui avait glissé des doigts de son élève, et murmura :

— Huit jours !... il y a cela... c'est écrit.

Un silence mortel pesa pendant quelques instans sur les deux amis. Gérard prit encore et froissa dix fois, sans pouvoir y croire, ce fragile interprète d'une haine de bronze et de granit.

— Oui, répéta-t-il enfin, c'est écrit, parfaitement écrit, de sa main ; c'est bien de sa main, n'est-ce pas ? demanda-t-il au messager qui causait avec les factionnaires.

— Oui, mon lieutenant.

— Et, qu'a-t-il dit ensuite ? interrogea l'abbé.

— Mais, rien. Il a seulement demandé ses chevaux pour ce soir.

— Voilà tout, pas de réflexions, pas de colère, pas de reproches?

— Rien, monsieur l'abbé.

—Merci, dit Gérard en congédiant l'envoyé.

Le silence, encore une fois, étendit sur la tente ses deux ailes de plomb.

Jaspin se donnait mille peines pour attirer la pensée du jeune homme hors du tourbillon fatal ou il la voyait tournoyer.

— Nous patienterons, dit-il, et après ma foi, nous prendrons un parti.

— Patienter, répliqua Gérard d'une voix calme, tandis que ses pommettes rougissaient et que ses yeux s'injectaient de sang et de feu; vous ne me paraissez pas comprendre la situation, mon cher abbé : je vais vous l'expliquer.

Cette douceur de parole épouvanta Jaspin beaucoup plus que n'eût fait une explosion de récriminations et d'injures.

— Modérez-vous, cher comte, dit-il; je vous écoute et vous comprends bien.

— Alors, vous voyez comme moi la perfidie et l'infâme méchanceté de ce coquin. Vous voyez comme moi que le siége ne peut plus aller au delà de six jours — en admettant pour les assiégés toutes les bonnes chances, — or, je suis emprisonné pour huit jours; c'est-à-dire que la ville sera prise sans moi, et que moi seul peut-être en cette immense armée je n'aurai point de part au succès de l'entreprise. Vous comprenez bien cela, n'est-ce pas, Jaspin?

Et peu à peu les poings s'étaient crispés, les dents serrées, les yeux égarés.

—Par pitié, mon bon ami !... murmura Jaspin.

— Il en résultera, poursuivit le jeune homme avec véhémence, que je rapporterai de cette campagne une note d'infamie ; que j'aurai été condamné à mort dès le début comme indiscipliné, condamné à l'inaction vers la fin, comme querelleur et mauvais français et que le roi dira : décidément, c'est un triste sujet, ce Lavernie !

— Oh !... jamais.

— Toujours, Jaspin ! toujours ! ajouta

Gérard en frappant de son poing sur la table. Oh! que c'est bien joué, misérable Louvois! s'il eût continué à me vouloir faire tuer, il se débarrassait de moi, mais il me comblait de gloire. Les hommes de ma race tombent toujours bien; et Louvois n'a pas même voulu s'affranchir de ma présence au prix d'un peu d'honneur que j'eusse acquis en succombant. Non! il a trouvé moyen de me faire mourir à petit feu, à petit bruit, dans une ombre ignominieuse. Il n'ose me donner un poison, il n'est pas maître de m'envoyer la fièvre, mais il m'accable avec le chagrin, il m'assassine avec l'oubli... Jaspin, oh! vous êtes un prêtre; Dieu vous a donné sur la terre le droit d'absoudre les criminels en faveur de leur intention. Oseriez-vous absoudre Louvois pour tout ce qu'il me fait endurer?... Oseriez-vous me refuser l'absolution si vous appreniez que j'ai percé le misérable cœur de cet homme.

Jaspin ne répondit qu'en prenant les deux mains de Gérard pour les appuyer sur sa poitrine.

— Soyez chrétien! dit-il enfin lorsque l'émotion eut permis à sa voix d'être intelligible; songez que Dieu dont vous parlez a pardonné à ses ennemis.

— Moi, je ne suis qu'un homme, le

dernier, le plus malheureux, le plus fatigué des hommes ; la vie m'échappe ; je me meurs de honte et de désespoir ; mon sang, que je n'ai pu verser bouillant pour le service de ma patrie, s'est changé en fiel qui bouillonne aussi et porte à mon cerveau une irrésistible ivresse ; mourir pour mourir, mon ami, je ne quitterai pas la terre sans avoir tué M. de Louvois. Ce n'est pas tant pour satisfaire ma haine, — bien que cet espoir caresse délicieusement mon cœur, — c'est pour délivrer la la terre d'un fléau, d'un monstre, et je prétends qu'au lieu d'offenser Dieu, je le venge !

Jaspin voulut parler.

— Plus un mot ! interrompit Gérard. Je parle haut devant vous, mes idées naissent, je les jette pêle-mêle, effarées, hors de mon âme qui se révolte.—Quelle ressource me reste-il ? quelle protection ? Où est le bras miséricordieux qui déjà m'a sauvé ?... qu'il se montre aujourd'hui, l'occasion est suprême... L'autre fois mon corps était en danger de périr... Vous qui êtes si religieuse et qui avez été si bonne, marquise de Maintenon, amie de ma mère, à l'aide ! Vous m'avez arraché à l'échafaud, ce n'est rien ; arrachez-moi maintenant au désespoir.

Jaspin s'était levé pendant que Gérard

lançait avec violence ces paroles entre-coupées de soupirs.

— Eh bien ! dit-il, vous allez jurer de rester calme, ou du moins immobile jusqu'à mon retour.

— Où allez-vous ?

—Faire la seule chose qu'il y ait à faire en ce moment pour vous.

— Oh ! je vous comprends, vous allez à St-Ghislain, vous supplierez pour moi celle qui m'a déjà oublié, celle qui me sacrifie à Louvois.

— J'y vais, en effet.

— Inutile! inutile! Je sens qu'il ne me reste rien au monde.

— Quoi! vous désespérez de moi? du souvenir de votre mère? Vous désespérez de Dieu?

— Jaspin, je suis trop malheureux.

— Adieu! répliqua vivement Jaspin, en s'élançant hors de la tente, avant que Gérard n'eût pu l'en empêcher, car, au moindre retour, cette âme ulcérée eût peut-être, par quelque violence, rendu la concilation impossible.

L'abbé arriva à l'abbaye au moment où le roi en sortait après avoir soupé avec la marquise. Il se fit annoncer.

Par les portes entr'ouvertes, Jaspin amené, grâce à Nanon, jusqu'à l'antichambre, aperçut le mouvement de déplaisir, d'inquiétude même que la marquise ne put réprimer dès qu'elle apprit sa visite.

— Qu'il entre! dit-elle cependant après

une hésitation qui effraya Jaspin, mais ne le découragea point.

Il accourut et s'inclina tout tremblant. Il savait bien qu'avant tout il avait un pardon à demander pour le récit de Nanon, si habilement innocent qu'elle l'eût pu faire.

Mais la marquise se contenta de froncer le sourcil et de garder sa main, qu'elle donnait ordinairement à l'abbé.

— Madame, dit-il humblement, j'ai le malheur de vous causer toujours quelque ennui. Pardonnez-moi. Dieu m'est témoin que pour vous épargner un souci je donnerais tout mon sang avec joie!

— Monsieur, dit la marquise d'un ton qui témoignait combien elle se ménageait dans l'expression de son mécontentement, vous m'avez apporté en effet beaucoup de tribulations dont j'eusse été exemptée peut-être par votre entière franchise. Mais la volonté de Dieu soit faite! Les créatures mortelles sont destinées à se faire réciproquement du mal quand elles devraient s'entr'aider, s'aider, et se rendre le bien pour le mal, à plus forte raison, bienfait pour bienfait.

Ces derniers mots accompagnés d'un regard, qui en faisait un reproche tellement direct, qu'il eût été compris même d'un étranger, frappèrent douloureusement Jaspin, en lui montrant que son repentir n'avait pas suffi à calmer le ressentiment de la marquise.

Il s'agenouilla, le front courbé sous une contrition sincère.

— Ah! monsieur, murmura la marquise, vous pouviez tout me dire, et alors je pouvais tout pour vous!

— Croyez, madame...

—Assez! Je ne vous en veux que d'une chose, c'est de m'avoir ôté tout moyen d'être utile désormais à qui vous savez.

— Oh! s'écria Jaspin éperdu.

— Savez-vous, poursuivit madame de Maintenon, ce qu'est devenu un nommé Desbuttes, votre filleul ?

— Hélas!

— Il est parti, envoyé par M. de Louvois, pour ce pays où vous l'avez tenu sur les fonts de baptême.

— Grand Dieu !... mais rassurons-nous, madame, qu'apprendra-t-il dans ce pays ?

— Eh ! monsieur, qui vous répond que de ce village, en suivant des traces...

— Madame, il n'y en a pas... c'est impossible.

— Tout est possible, monsieur, à celui qui a envoyé votre filleul à cet endroit ! Et quand bien même il ne trouverait pas de traces en ce pays, ne peut-il en trouver à Paris d'où Nanon s'est absentée à cette époque !... Je vous répète, monsieur, que le silence est par fois la plus dangereuse des trahisons.

— Madame.... une trahison.... quel mot ! s'écria le pauvre Jaspin au désespoir.

— La plus dangereuse, reprit doucement la marquise touchée par cet élan du cœur de l'abbé, parce qu'elle est moins prévue et qu'elle met ceux qui en sont victimes dans l'impossibilité de se défendre : aussi vous comprenez que désormais nous n'échangerons plus une parole en public, vous et moi ; ne comptez plus sur mon intervention dans les affaires de votre protégé. Oui, on le torture, je le sais, oui on le menace, je le vois, mais je n'y puis rien.

Dieu sait pourtant la douce joie qui m'était née au milieu de tous mes chagrins, il m'est témoin du courage que j'avais pour défendre le fils de mon ancienne amie — je ne mens jamais avec un prêtre, monsieur Jaspin, et je vous jure que j'eusse fait le sacrifice de ma vie pour sauver celle de ce jeune homme, mais sacrifier mon honneur, celui de quelqu'un plus grand que moi, sacrifier toute une mission que la Providence m'a confiée — j'en ai la foi intime — sacrifier tout cela... pourquoi? pour faire triompher mon ennemi, le nôtre, par mon intervention maladroite, pour ne pas même me garder le moyen de vous rendre un dernier service en une circonstance solennelle. — Ce serait là une faute, un crime, je ne m'en rendrai pas coupable. Oh! je lis dans vos yeux votre pensée, oui, j'abuse de votre probité, de votre douceur, de votre longanimité. Je vous immole à moi-même, et l'homme en vous me condamne aussi sévèrement que le prêtre; mais comme je ne puis vous aider sans me perdre, comme en me perdant je ne sauve point celui pour qui vous me priez, je persiste dans mon apparent égoïsme. Imitez-moi, baissez la tête, surveillez l'orage, aidez-moi de vos vœux les plus ardents, de vos efforts les plus zélés, de votre plus profond silence, et persuadez-vous que si le navire sombre, vous périrez inévitablement comme moi. Tandis que si je le sauve, et que vous me soyez demeuré fidèle, ce navire prédestiné peut vous porter où j'irai moi-même!... En voilà plus que je ne devais vous en dire. Je vous ai parlé comme à un ministre de la pénitence. Plus un mot entre nous, ni ce soir ni jamais, tant que le danger sera sur ma tête. — Et maintenant même, s'il n'était pas si tard, s'il ne faisait pas si sombre, s'il n'eût pas été honnête et loyal de vous expliquer

ma résolution, je ne vous eusse pas reçu.
— Car vous avez peut-être été suivi en venant ici, ajouta la marquise en interrogeant l'abbé d'un air inquiet.

— Non, madame, dit-il, non; je vous...

Nanon entra précipitamment.

— M. de Louvois! s'écria-t-elle, il monte l'escalier.

— Voyez-vous, dit la marquise dont tout le sang reflua au cœur.

Et avec un geste d'une rapidité, d'une

intelligence surhumaines, elle montra la porte d'un couloir voisin à l'abbé tremblant qui s'y précipita.

— Faites entrer M. de Louvois, dit-elle d'une voix calme et sonore.

IV

ARMISTICE.

Avec toute sa perspicacité, le marquis de Louvois ne lut aucune surprise sur le visage de madame de Maintenon.

Elle, au contraire, lut, et très-facile

ment, certaine résolution très-hostile, mais très-contenue, dans les traits mobiles du ministre. Les deux ennemis échangèrent avec leurs développements les plus solennels tous les protocoles de la cérémonie.

Lorsque Louvois eut pris place en face d'elle, la marquise commença la conversation en hôtesse qui sait son monde.

— Vous aurez vu le roi qui sort d'ici, dit-elle.

Louvois répondit qu'il avait aperçu les flambeaux et les carrosses, mais qu'obligé de faire un détour pour aller visiter quelques postes placés autour de St.-Guislain, il n'avait pas rencontré le roi de façon à lui parler.

La marquise, pendant qu'il arrangeait ainsi sa phrase, la traduisait par celle-ci :

« J'ai vu Jaspin se diriger du côté de St-Guislain ; je le faisais épier depuis deux jours, lui et son ami Gérard ; je l'ai suivi, et pour faire croire le contraire je prétends avoir été visiter des postes hors de la ligne des routes. »

A l'instant même elle répondit :

— Cela est fâcheux, Monsieur, vous eussiez trouvé S. M. de fort bonne humeur. Le roi assure que les affaires de son armée marchent bien, et se loue beaucoup de votre zèle en particulier. Je regrette donc que vos visites à ces postes vous aient privé d'admirer la figure toute satisfaite de S. M. — figure de santé, de prospérité, qui faisait plaisir à voir, à ce que m'a dit quelqu'un qui sort d'ici et qui a salué le roi à son départ de cette abbaye tout à l'heure.

En regardant bien fixement Louvois pendant qu'elle débitait cette réplique, la marquise le vit faire un mouvement aux mots : *qui sort d'ici*.

— J'espère, se dit-elle, que voilà le terrain déblayé ; il savait Jaspin chez moi ; je lui apprends qu'il n'y est plus ; il me croit ou ne me croit pas ; mais nous pouvons causer d'autres choses.

Louvois ne paraissait pas, du reste, disposé à faire une longue diplomatie. Il releva vivement et nettement le dé de la conversation.

— S. M. doit être satisfaite, dit-il ; le siége touche à sa fin. Quant à mes efforts, madame, dont le roi a bien voulu se contenter et dont vous avez la bonté de faire mention, ils ont été couronnés de succès : Mons va tomber en nos mains sans que l'Europe qui nous menaçait se soit décidée à le défendre.

Il fit une pause, la marquise fit une demi-révérence.

— Toutefois, madame, continua Louvois, ce n'est pas pour vous entretenir du peu de mérite de mes opérations que j'ai osé me présenter à l'improviste, aussi tard en votre retraite. Bien des événements ont eu lieu depuis plusieurs jours, qui me forcent à vous demander de m'accorder un entretien.

— Je vous écoute, M. le marquis.

— Et je commence par vous remercier humblement, dit Louvois d'un ton leste et ferme qui ne sentait pas l'humilité. Certes, à nous voir l'un et l'autre aux prises avec mille détails de cette vie de cour, les indifférents ou les malintentionnés pourraient nous croire divisés de sentiments et ennemis.

— Je n'en serais pas surprise, répliqua madame de Maintenon avec un sang-froid digne de cette fourberie ou de cette pantalonnade de Louvois.

— Il n'en est rien pourtant, j'ose l'espérer, dit-il : je sers mon maître avec zèle.

avec un zèle brutal qui malheureusement ressort de mon mauvais naturel, gâté que je suis par l'habitude et la nécessité de me faire obéir vite. — Cette rudesse me fait mal venir des dames, je le sais; — mais comme il n'est point d'efforts que je n'aie tentés pour m'en défaire, — et toujours infructueusement, — j'y renonce; je mourrai brutal et haï : voilà pour moi. Quant à vous, madame, votre haute position près du roi vous rend légitimement exigeante : vous avez de grands intérêts à maintenir, à faire fructifier; c'est une politique difficile, elle trouve beaucoup de dissidents — moi tout le premier, peut-être; — mais enfin nous accomplissons l'un et l'autre un devoir en nous combattant, et nous ne saurions employer que des armes courtoises, — je m'en pique, au moins.

— Monsieur, répondit la marquise qui le laissa se taire après l'avoir laissé parler — je ne sais pas bien le point où vous voulez en venir.

— Le voici, madame : il m'est évident que vous avez conçu contre moi du mécontentement, je l'ai vu se manifester en plusieurs circonstances.

La marquise ne répondit pas.

— Et j'ai dû en rechercher les causes, ajouta Louvois de son même ton délibéré. Elles ne m'ont pas échappé — je les vois au nombre de deux.

Elle continua d'écouter, sans témoigner ni curiosité, ni impatience.

— L'une, la première, la fondamentale, reprit le marquis, vous la connaissez, nous la connaissons trop tous deux : c'est un acte politique sur lequel nous ne sommes pas d'accord, parce qu'il mettrait une moitié de l'Europe aux prises avec l'autre, et que j'ai trop à cœur les intérêts de mon maître pour l'engager dans une querelle de cette nature.

— Il me semblait, répliqua la marquise, avoir reconnu au contraire que depuis dix années c'est vous, vous seul qui avez soufflé en Europe cette rage de guerroyer qui nous épuise — j'en avais même d'assez bonnes preuves. — Vous aimez trop la guerre, monsieur; elle vous rapporte trop, en prépondérance et en crédit, pour que vous vous opposiez à *cet acte politique* comme vous dites, s'il n'avait d'autre inconvénient que d'armer les Etats européens contre la France. Mais je ne me leurre point d'une si grande importance; non, l'Europe ne prendrait pas les armes pour punir le roi de m'avoir déclarée sa femme. Seulement, il déplaît à M. de Louvois qu'il y ait en France une nouvelle reine. Nous voilà dans le vrai, n'en sortons pas.

Louvois rougit, lui qui s'était annoncé brutal, de n'avoir pas osé parler avec la même franchise que son ennemie.

— Vous me prouvez donc que j'avais raison tout à l'heure, répliqua-t-il, en craignant vos ressentiments à cet égard. Vous n'oubliez pas, madame...

— Passons à la seconde cause de nos inimitiés, s'il vous plaît, dit-elle.

— Celle-là est plus voilée, répondit

Louvois, quoique tout aussi positive. Elle consiste en des affections particulières que j'ai eu le malheur de blesser, toujours par suite de ce mauvais caractère que me fait ma position.

Il y a une fable de La Fontaine sur ce sujet : l'Aigle et le Chat huant, — le chat huant, c'est moi — se jurent d'épargner réciproquement leurs amis et leur famille. Mais, faute d'indications franches ou exactes, l'un des deux alliés croque les petits de l'autre. Celui-ci se plaint. — Eh! mon cher allié, s'écria l'innocent coupable, que ne me désigniez-vous clairement ceux à qui vous tenez.

Pendant cet apologue, la marquise, remuée jusqu'au fond de l'âme, examinait Louvois pour deviner ce qu'il voulait dire, sans lui rien laisser voir de son trouble et de sa peur.

— J'ai blessé M. de Lavernie, continua le ministre, un ami cher, le fils d'une amie intime... Voilà ma faute. Eh! madame, que ne me désigniez-vous cette amitié, j'eusse été, pour vous être agréable, jusqu'au bâton de maréchal de France! Mais, hélas! les hostilités ont commencé; je ne puis pourtant pas humilier le ministre de la guerre devant un lieutenant de chevau-légers : il n'y aurait plus d'armée possible.

La marquise acquiesça du regard.

— Et d'ailleurs, madame, pourquoi, vous la plus sage et la plus intelligente des femmes, vous, l'esprit le plus tolérant à la fois et le plus aiguisé, pourquoi réclameriez-vous pour vos affaires particulières des priviléges que vous refusez aux autres ?

— A qui est-ce que je refuse? demanda la marquise étonnée, ou jouant l'étonnement.

— A moi, par exemple. Voyons, vous protégez M. de Lavernie, parce qu'il est de vos amis.

— Parce qu'il est le fils de mon amie.

— N'importe, parce que vous l'aimez en un mot.

— Parce que j'aimais sa mère.

— Veuillez, je vous prie, être facile sur le choix des mots : vous protégez Lavernie parce que vous croyez devoir le protéger... Eh bien ! vous vous arrogez volontiers le droit de le diriger dans sa carrière ; vous veillez avec sollicitude sur chacun de ses pas, — vous l'avancez dans le service — vous éloignez de lui les dangers, — vous daignez même vous occuper de son bonheur intime, en le rapprochant d'une jeune fille qu'il aime.

— Monsieur, s'écria la marquise blessée, vous avez eu raison d'arborer la brutalité.

— Je suis perdu, madame, dit Louvois avec une douleur ironique, si vous faites le procès à chacune de mes paroles. Cependant il est de fait que M. de Lavernie aime cette jeune fille à laquelle je m'intéresse, moi ; et que, malgré mes efforts pour éloigner de lui mademoiselle de Savières, vous avez appelé à Saint-Ghislain

M. de Lavernie ; oh ! par grâce, permettez-moi d'achever...

Je vous supplierai donc de mettre la main, votre belle main, sur votre conscience si équitable, et de vous demander s'il n'y a pas de votre part un peu trop de despotisme, trop d'arbitraire, à exiger que je laisse diriger par vous, au gré de vos fantaisies, la conduite de cette jeune fille. — M de Lavernie est le fils qu'une amie vous a légué, n'est-ce pas ?

— Mais, oui, monsieur, c'est la quatrième fois que je vous le répète.

— Eh bien ! madame, qui vous dit que mademoiselle de Savières n'est pas la fille qu'un ami m'a confiée pour que je la fasse religieuse, prisonnière, exilée, n'importe.

— Mais, monsieur, je ne rends pas M. de Lavernie le plus malheureux des hommes. Je ne force ni sa conviction ni ses vœux, et si j'agis arbitrairement, comme vous me le reprochiez tout à l'heure, c'est en vue de le faire parfaitement heureux en toutes choses.

— Eh ! madame, vous en feriez un trapiste, vous le jeteriez à la Bastille, vous l'enverriez au Groënland, que l'idée ne me viendrait pas de vous en faire un crime. — Vous l'empêcheriez d'aimer mademoiselle de Savières, vous le sépareriez violemment de cette jeune fille, que jamais je ne me permettrais de les rapprocher. — Il me semble que je suis clair et logique. — S'il vous est permis de disposer de M. de Lavernie, il m'est loisible de disposer de mademoiselle de Savières, puisque nous avons l'un et l'autre mêmes droits, — cela est bizarre, mais cela est, — sur l'un et l'autre de ces deux jeunes gens.

— Concluez, dit la marquise, quelque

peu frappée de l'irréfragable logique de ce raisonnement, et sentant bien derrière, le piége ouvert par toutes les hypothèses de Louvois.

— Je conclus — protégez M. de Lavernie, mais que ce ne soit pas contre moi; rendez-le heureux, mais que ce ne soit pas au détriment de mes intérêts particuliers; mariez-le, mais que ce ne soit pas avec une fille que je ne veux point marier.

— Il me semble que jamais je n'ai annoncé aucune de ces prétentions, répliqua la marquise contrainte à capituler sur tous les articles.

— Oh! pardonnez-moi de récriminer, dit Louvois, mais dès votre arrivée à Saint-Ghislain qu'avez-vous fait?

— Vous aviez commandé de mettre à la pénitence la plus dure, une pauvre enfant...

— Une pauvre enfant qui doit être religieuse, et qui le sera, madame; — une pauvre enfant, qui néanmoins se révoltait contre l'autorité supérieure, et appelait à grands cris, a cris insensés, un officier au secours de sa rébellion et de ses fureurs amoureuses. — Cela s'appelle partout un scandale. — Les scandales se punissent au couvent, et vous ne les autorisez point à Saint-Cyr, madame. Avouez donc, qu'habituée à voir tous mes actes sous les plus sombres couleurs, vous avez trouvé féroce ma fermeté envers mademoiselle de Savières. Avouez aussi, j'en appelle à votre loyauté, que vous méconnaissiez mes droits en inspirant à cette jeune fille plus de mépris encore qu'elle n'en a pour mes volontés, aussi respectables, sans doute, que le sont vos sympathies pour M. de Lavernie, puisqu'elles ont même origine.

— Peut-être avez-vous raison, dit la

marquise, feignant d'être convaincue par la vérité, tandis qu'elle cédait seulement à l'inquiétude.

Louvois acheva de battre en brèche son hésitation.

— Vous paraîtrait-il surprenant, s'écria-t-il audacieusement, de me voir exercer cette autorité sur mademoiselle de Savières? Vous plairait-il me la contester? Voulez-vous remonter à la source de mes droits? Ce serait une besogne stérile; autant vaudrait pour moi chercher de quelle nature est l'intérêt que vous portez à M. de Lavernie, et vous demander à voir la procuration de sa mère.

La marquise frissonna devant l'infernale sagacité de ce mauvais génie, qui savait, au hasard, dans les ténèbres même de son ignorance, trouver l'endroit vulnérable de l'ennemi et y adresser précisément son coup de poignard. Comment frapperait-il donc s'il voyait clair!

— Monsieur le marquis, se hâta-t-elle de répondre, vous avez raison sur tous les points; un seul excepté. Je n'ai jamais prétendu favoriser quoi que ce soit entre M. de Lavernie et mademoiselle de Savières. Il suffit que vous vous intéressiez à celle-ci pour que je défende à celui-là de l'épouser. Vous et moi nous sommes trop ennemis pour faire de bons mariages entre nos partisans. J'avais tiré mademoiselle de Savières de sa pénitence à Saint-Ghislain, parce que mon arrivée en un couvent lève toutes punitions, parce que Saint-Cyr, ma fondation, est sous l'invocation de Saint-Augustin, comme vous savez, et que mademoiselle de Savières, en sa qualité d'Augustine me parassait tomber sous mon obéissance. De plus la pénitence de Saint-Ghislain est malsaine, sombre, bâtie au-dessus d'un cours d'eau qui lave les murailles et change en un cloaque mortel cet endroit destiné aux méditations du repentir. Vous ne sauriez malgré tous les droits du monde, forcer une supérieure de couvent à tuer ses pensionnaires. J'ai agi dans un intérêt d'humanité, non dans un esprit de contradiction, mais vous avez tellement l'habitude de mal interpréter mes actes, ajouta-t-elle en lui renvoyant son ironie, que vous avez pris celui-là en mauvaise part. Voilà donc ce que vous me demandiez — une explication complète, — la franchise a fait sa réponse à la brutalité, que demandez-vous encore.

— Absolument rien, madame, s'écria Louvois, triomphant de voir enfin soumise, muette, cette ennemie si récalcitrante et si orgueilleuse naguères. J'avais fait appel à votre raison, à votre équité, j'étais sûr d'être entendu. Notre route est désormais tracée; vous êtes libre quant à M. de Lavernie; j'ai carte blanche quant à mademoiselle de Savières. C'est bien convenu, n'est-ce pas?

— Est-il besoin, monsieur, de convenir ensemble d'une situation nécessaire, inattaquable?

— Voilà qui me comble, dit le ministre. Toutefois, j'en reviens à mon début; je veux n'user avec vous, madame, que des procédés les plus courtois. Je les dois à votre rang — il s'inclina profondément — je les dois à la haute estime que je professe pour votre mérite incomparable.

Elle lui rendit sa révérence.

— J'ai donc l'honneur de vous prévenir, ajouta-t-il, que mes intentions à l'égard de mademoiselle de Savières ont varié. Je lui destine un établissement dont je vous énumèrerais les avantages si ce n'était abuser de vos précieux moments que vous occuper ainsi d'une personne tout à fait étrangère. Je retire donc du couvent mademoiselle de Savières, et j'ai voulu vous en donner avis, madame, en votre double qualité de supérieure générale et d'ennemie à qui je voue les plus respectueux égards.

La marquise tressaillit ; elle entrevoyait l'horrible avenir qui attendait la pauvre Antoinette isolée de tout appui, livrée à son persécuteur, séparée à jamais de Gérard qu'elle aimait passionnément ; mais tout refus, tout attermoiement, toute objection était impossible.

— Quand vous plaît-il d'emmener la jeune personne demanda-t-elle d'une voix calme comme son visage.

— Au jour, à l'heure que vous voudrez bien me désigner, répliqua Louvois.

— Nullement, monsieur, c'est à vous de choisir vos moments.

— Eh bien, madame, ainsi ferai-je, puisque vous m'y autorisez : à partir de demain, car il est peut-être bien tard, ce soir?

— Même ce soir, vous êtes le maître, répliqua froidement la marquise, dont la tête bouillonnait, dont le cœur se soulevait de colère et d'indignation.

— Je craindrais de troubler le repos des religieuses. Votre parole, madame, je veux dire votre permission, me suffit.

La marquise, le voyant courbé avec l'affectation du plus profond respect, se demanda pourquoi une pierre de la voûte ne tombait pas sur cette tête perverse.

Louvois jeta un regard furtif autour de lui et prit congé.

On l'entendit appeler ses gens, gronder, selon son habitude, et galoper sur la route sonore.

Alors, la marquise cessa de prêter l'oreille, elle se retourna, et vit s'ouvrir lentement, avec de timides secousses, la porte du couloir où s'était blotti Jaspin.

Celui-ci montra sa tête pâle et effarouchée.

— Quoi! monsieur, dit la marquise, vous étiez resté là, vous avez donc entendu?

— Hélas! madame, balbutia le pauvre abbé en joignant les mains, je tremblais trop pour pouvoir marcher...

— Eh bien, monsieur, puisque vous avez entendu, vous en savez autant que M. de Louvois, interrompit la marquise. Adieu, puissiez-vous faire votre profit de tout ce qui s'est dit ce soir dans cette chambre.

Elle le congédia du geste sans lui répondre un mot.

— Voilà un nœud qu'il faut laisser dénouer à Dieu, murmura la marquise en rentrant dans son oratoire.

— Eh bien, sans lui, puisque vous avez su... mon on saura qu'il que M. de Trevois, interrompit la duchesse, adieu, plaisir sans faire voltiger de tout ce qui s'est dit ce soir dans cette chambre.

V

Elle... ordinaire geste sans lui répondre au seuil.

— vous un grand qu'il faut laisser demeurer à Dieu, murmura la marquise en rentrant dans son oratoire.

1

PLAN DE CAMPAGNE.

Jaspin revint au quartier, en proie à l'une des plus cruelles perplexités qu'il eût encore ressenties.

Toutes les calamités résultant de cette

décision nouvelle de Louvois s'offraient clairement à son esprit. A peine aurait-il instruit Gérard, que ce dernier, retenu jusque-là par ce fragile espoir de la protection de madame de Maintenon, s'élancerait hors de toute mesure dans la terrible carrière de la violence et de l'illégalité. Et comment retenir un homme de cette énergie, après avoir allumé en lui toutes les fureurs aveugles du désespoir?

D'un autre côté, qu'arriverait-il si Jaspin gardait le silence sur les communications étranges qui venaient de lui être faites? Antoinette était à jamais perdue pour Gérard, et ce malheureux, en l'apprenant plus tard, commettrait, sans fruit pour son bonheur, les mêmes excès que s'il l'apprenait tout de suite. De plus, comme tout se sait en ce monde, Gérard pouvait savoir de madame de Maintenon elle-même que Jaspin avait été présent à l'entretien, et alors c'était de Gérard à son vieil ami un reproche éternel, une malédiction trop méritée.

Jaspin faiblit devant cette dernière idée. Il aima mieux le malheur qui pouvait rapporter un peu de compensation, et dès que sa résolution eut été prise, dès qu'il se fut fortifié par une prière fervente aux bons anges, il accéléra le mouvement de ses petites jambes et entra chez Gérard, qui l'attendait avec les tressaillements de la fièvre.

Le récit fut court. Jaspin ne s'amusa point aux détails — il ne commenta pas la conduite de la marquise en toute cette affaire — le fait, le douloureux et brutal projet de Louvois sur Antoinette, voilà ce qu'il raconta. A mesure qu'il parlait, le visage de Gérard passait par tous les degrés de la terreur et de la colère. Et quand Jaspin eut achevé :

— Comprenez-vous maintenant, dit

Gérard d'une voix tremblante, pourquoi il me retient aux arrêts! Est-il lâche! craint-il de me trouver sur son chemin!

— Voilà! dit Jaspin du ton de la résignation passive.

— Eh bien, mon ami, continua Gérard en se levant, pour marcher à grands pas dans son étroite chambre, nous allons parer le coup, nous allons le parer, répéta-t-il dans la plus violente agitation.

— Comment? hasarda Jaspin après un silence.

Gérard ne répondit pas et continua sa promenade fébrile.

— Vous êtes aux arrêts, vous savez? ajouta Jaspin de sa voix la plus douce.

— Vous n'attendez pas, s'écria impétueusement Gérard, que je reste ici les bras croisés tandis qu'on me séparera d'Antoinette à jamais. Dieu ne m'a pas donné cette patience stupide de l'agneau.

— Assurément, balbutia Jaspin, mais enfin tout en adoptant les mesures violentes, vous avez encore un choix à faire parmi ces mesures.

— C'est vrai.

— Vous n'allez pas vous précipiter en aveugle dans les desseins d'un homme qui voit aussi clair.

— Oh! je réfléchis, je réfléchis, dit Gérard, en frappant son front de ces deux poings.

— Cher enfant, s'écria Jaspin, du calme, du sang-froid!

— N'en ai-je pas? Voyez, dit le jeune homme en découvrant son visage pâle, contracté par les luttes de la douleur et de la raison. Vous avez dit, je crois, que Louvois emmène Antoinette demain ?

— Oui.

—Nous n'avons pas de temps à perdre: demain, c'est dans quelques heures ! avant tout sortons d'ici.

— Vous êtes gardé.

— Mes chevau-légers ne m'arrèteront pas de force, le moindre prétexte leur suffira.

— Si vous marchez dans le camp en

plein jour vous serez reconnu, arrêté avant d'avoir fait cent pas.

— C'est vrai... mais je ne puis attendre la nuit; Louvois ne l'attendra pas, lui, pour exécuter son dessein.

Jaspin s'effraya de voir le désordre et l'agitation de cette tête si calme et si féconde d'ordinaire aux heures du danger.

— Mon ami, dit-il, vous n'êtes guère en état maintenant de prendre un parti sage : mûrissez vos idées, appelez un conseil.

— Un conseil! bon Dieu! et de qui? Ah! vous avez raison, Jaspin, seul je ne réussirais pas; j'ai besoin de conseil et d'aide. Voyons, mes amis où sont-ils? En ai-je? Les bons cœurs, les bras forts...

Et le malheureux jeune homme abîma dans ses deux mains crispées son front lourd de tant d'infortunes.

— M. de Rubantel... glissa Jaspin avec réserve, car il redoutait que ce nom synonyme d'expérience et de circonspection n'effrayât Gérard livré aux ressources extrêmes.

Mais, contre son attente, le nom de Rubantel fut bien accueilli.

— Oui, c'est vrai, dit Gérard, Rubantel est un homme sage; il est en même temps d'un caractère bouillant; l'injustice le révolte; il n'aime pas Louvois, il m'aime. Jaspin, soyez assez bon pour prier M. de Rubantel de passer chez moi, puisqu'il m'est interdit de sortir d'ici.

Jaspin, au comble de la joie, courut au quartier de Rubantel.

Cependant, tout autour de la tente de Gérard allaient et venaient, sous prétexte de faire des rondes ou de porter des messages, les espions de Louvois qui surveillaient chacune des secousses que le vent imprimait à cette tente, chacune des résolutions qui s'en exhalaient. Jaspin fut suivi et s'en aperçut bien. Mais que faire? Gérard le sentit bien aussi, mais comment l'empêcher? Cette dernière partie était de celles qu'il faut jouer cartes sur table : c'était le combat d'une poitrine nue contre une cuirasse, d'une main vide contre une épée à deux tranchants.

Le pauvre abbé ne raconta pas à Gérard combien il avait eu de difficultés à décider M. de Rubantel.

Le général, tout affectionné qu'il fût pour Gérard, eût donné beaucoup pour l'oublier, durant les derniers jours du siége. Il ne suivit Jaspin qu'avec une mauvaise humeur mal dissimulée sous la nécessité d'ordres à donner, sous le prétexte d'une fatigue accablante, et encore ne marcha-t-il pas sans observer aussi les compagnons étranges qui cheminaient, ombres suspectes, à quelque distance de lui. Mais Jaspin déploya toute son éloquence, toutes ses séductions, et le vieux général entra en grommelant tout bas, chez son lieutenant.

Jaspin se mit à tourner autour de la tente comme un mulet de manège, afin d'écarter par sa présence les espions qui fussent venus coller leur oreille aux toiles.

Rubantel était bon. Il vit tant de douleurs sur le visage bouleversé de son ami, qu'il l'interrogea doucement et avec sollicitude.

— Ce brave abbé, dit-il, n'a rien voulu me conter en chemin. Qu'y a-t-il encore?

— Ah! mon général, une affreuse nouvelle... Hélas! je frémis au moment de vous l'apprendre... Je m'aperçois que mes seuls intérêts sont en jeu; que vous m'allez taxer de faiblesse, et que peut-être vous ne me plaindrez pas comme vous le feriez si pouviez lire au fond de mon cœur l'horrible supplice que j'endure.

Et aussitôt, bravement, avec les plus vives couleurs de la passion, il raconta au général ce que Jaspin avait entendu à Saint-Ghislain.

Le front du vieux soldat s'assombrit.

— Voilà, dit-il, une femme qui vous portera malheur ! Vous ne vous apercevez pas que Louvois l'hypocrite aime cette jeune fille et veut la garder pour

lui. Il est le plus fort et le plus traître
Vous vous acharnez vainement.

— Mon général!...

— Il est des circonstances où le plus
brave est forcé de battre en retraite ;
faites retraite, Lavernie.

— Jamais !...

— Oh! alors, ne demandez pas conseil. répliqua M. de Rubantel avec rudesse: vous avez des plans arrêtés, pourquoi me consulter ?

— Mais non, mon général, je n'ai pas

de plans ; je veux seulement sauver cette jeune fille.

— Impossible, si vous ne voulez pas vous perdre.

Gérard se leva frémissant, puis se rassit.

— Louvois vous a mis aux arrêts, n'est-ce pas, ajouta le général, pouvez-vous les forcer ?

— Je ferai tout plutôt que de laisser Antoinette en ses mains.

Rubantel se leva à son tour.

— Nous ne pouvons nous entendre, dit-il. Un vieil homme de guerre tel que moi n'admet pas l'insubordination. On est soldat ou on ne l'est pas. Et devant la consigne donnée, père, mère, femme, enfants, tout disparaît, tout peut mourir sans que le soldat regarde seulement de ce côté s'il a pour devoir de regarder de l'autre.

— Oh ! murmura Gérard écrasé, alors, dans vos idées, le cœur de l'homme ne bat pas?

— Tant qu'il est soldat, non, son cœur

bat pour le canon, pour les trompettes, pour les belles rencontres d'armes.

— Ce qui veut dire que vous m'abandonnez, mon général, et que vous me condamnez à mourir ici de douleur et de honte.

— Vous exagérez ; je vous désapprouve si vous bougez de votre tente, voilà tout.

— Eh bien, mon général, je m'inspirerai de Dieu et de mon bras.

— Je regrette fort d'être venu chez

vous, dit le général, vous me mettez à une rude épreuve.

— Que je veux faire cesser au plus tôt, mon général, répondit Gérard blessé de cette franchise qu'en sa passion il appelait insensibilité; quoi qu'il arrive, si vous ne m'aidez pas, plaignez-moi.

— Je vous plains déjà, mon cher.

Et M. de Rubantel fit un pas pour sortir; il revient affectueusement.

— J'ai vingt ans plus que vous, dit-il,

je vois les choses de plus haut; renoncez à votre maîtresse, c'est le conseil d'un ami.

— Dans mes idées à moi, mon général, ce serait une lâcheté.

— Sur ce mot je m'arrête, ajouta vivement M. de Rubantel, vous m'avez clos la bouche. Il ne me reste qu'à vous souhaiter le moins de malheur possible. — Adieu.

Il revint encore.

— Quoi! dit-il, l'abbé ne vous a pas prêché un peu l'oubli des injures.

— Oh! mon général, ne vous raillez pas de moi! Oublieriez-vous, je vous le demande, si Louvois vous eût fait souffrir ce que je souffre? Vous vous vengeriez, je vous connais; je me vengerai donc à ma façon : n'exigez pas que je sois meilleur que vous.

— Adieu! dit enfin M. de Rubantel, du plus profond de mon cœur, adieu!

Gérard s'inclina respectueusement comme en présence d'un chef, et ouvrit le rideau de sa tente pour laisser passer le général, qui se hâta comme s'il se fût échappé d'un gouffre. Jaspin rentra et lut toute cette scène sur les traits abattus de son élève.

— Ami, lui dit alors Gérard, me voilà tout seul au monde, comme je vous l'avais annoncé; plus de chance de salut! Je m'insurge contre toutes les lois humaines! Je n'ai que vous un vieillard timide, quand il me faudrait des compagnons armés du fer et du feu. — Jaspin, je ne me suis jamais senti plus vaillant et plus fort. Non! je ne laisserai pas ma maîtresse, comme ils disent, au pouvoir de Louvois. Non! je ne me courberai pas plus long-temps sous le joug de cette iniquité, complice d'un nouveau crime. Si j'eusse été puni pour une faute de soldat, puni même injustement, je subirais ma peine; mais demeurer enfermé ici, pour que mon inertie serve les projets de Louvois, voilà ce que je n'admets pas; ma raison parle plus haut que la consigne. Je sauverai Antoinette et après je mourrai s'il le faut; mais elle n'appartiendra jamais à ce misérable. Allons, pourquoi désespérer parce que les hommes me font défaut? Il y a un Dieu au ciel... Vous m'avez appris à le croire, n'est-ce pas, Jaspin?

L'abbé d'une voix étouffée :

— Aidez Dieu, mon cher comte, dit-il;

n'infirmez pas son secours par votre impétueuse maladresse. Vous désirez sauver Antoinette, avez-vous dit : comment?

— Je vais à l'abbaye.

— Fermée.

— Il y a des murs.

— Gardés.

— Antoinette m'aidera.

— Au moins faut-il que vous l'ayez prévenue.

— Elle ignore tout.

— La prévenir, Jaspin, et le temps qui marche! Nous le dépensons!

— Économisez les fautes; un mot d'avis à la jeune fille, elle saura trouver les moyens de rester à Saint-Ghislain pendant huit jours encore.

— Malgré Louvois!

— Malgré tout. Une femme peut tout ce qu'elle veut bien. Gagnez huit jours, vous dis-je.

— Jamais je n'y parviendrai.

— La jeune fille vous y aidera; écrivez-lui, je me charge de faire tenir la lettre.

— Quand ?

— Demain à son réveil, peut-être avant.

— Je ne dirai pas dans ma lettre la centième partie de ce que j'ai à dire.

— Cinq lignes suffisent.

— Oh ! Jaspin, dictez-les donc, puisque vous êtes si habile.

— Facilement. « Mademoiselle, M. de L. veut vous tirer de Saint-Ghislain, il faut que je vous parle. Demain soir à huit heures, près de la tourelle de la Pénitence, — à aucun prix ne sortez point de Saint-Ghislain avant huit heures et vous êtes sauvée. » Ce n'est pas plus malaisé que cela.

— A quoi cela nous mène-t-il ? s'écria Gérard avec impatience.

— A ne point précipiter ce que la précipitation ferait manquer : d'ailleurs, continua Jaspin, essayez de faire autre chose, je vous en défie.

— C'est vrai, dit Gérard, j'ai l'esprit troublé.

— Écrivez donc, interrompit Jaspin.

— Et si, dans la journée de demain, Antoinette m'est enlevée?

— Quand vous l'aurez ainsi prévenue? Impossible.

— J'écris.

Jaspin s'empara de la lettre, après l'avoir relue.

— Maintenant, dit-il, plus un pas, plus un geste avant demain soir. Vous me le jurez?

— Et vous, vous répondez que demain

soir, je trouverai encore Antoinette à Saint-Ghislain.

— Sur mon salut, ou bien, c'est qu'elle ne vous aime point.

L'abbé cacha la lettre sous ses habits, et serra son habit sous une ceinture.

— Enfin, lui demanda encore Gérard, quel est votre espoir, et surtout quel est votre but, car j'en suis venu à ce point, que je me laisse conduire.

— Par ce pauvre esprit de Jaspin, dit

le bon abbé avec un doux sourire, soit; eh bien! écoutez le plan du pauvre esprit, c'est droit et simple, mais c'est sûr; jusqu'à demain vous ne remuez pas, et pendant que M. de Louvois et tous ses espions sont à vos trousses, demain soir vous avez avec la jeune fille un entretien d'une heure, pendant lequel, avec votre imagination que vous retrouverez, avec votre probité que vous n'avez point perdue, vous enseignerez à mademoiselle de Savières, les moyens de retarder son départ de Saint-Ghislain, et les moyens de vous faire connaître, si on l'enlève, l'endroit où on l'aura conduite.

Tandis que l'on courra pour vous prendre en faute à Saint-Ghislain, vous revenez sous ma tente, ici, dépistant et dépitant votre adversaire. La ville va être prise, vos arrêts levés par la victoire : vous rejoignez la jeune fille à Saint-Ghislain, si elle y est encore; vous suivez sa trace si elle n'y est plus, d'après les avis qu'elle vous aura fait parvenir, et de cette façon nous aurons réussi à vous épargner le scandale d'une rebellion ; nous n'aurons eu recours à aucune protection, nous n'aurons rien perdu, si nous ne gagnons rien. Tel est le plan de votre humble ami. Je vous le répète, c'est bien terre à terre, mais c'est infaillible.

— Toute ma force, cher abbé, ne vaut

pas votre douceur; toute mon orgueilleuse passion ne vaut pas votre bon sens modeste.

— Nous nous applaudirons après. Je pars; ne vous occupez plus de moi d'ici à demain. Il serait possible que je ne vous revisse pas, comme il est possible que je revienne demain matin.

— Vous ne courez aucun danger j'espère!

— Je l'espère aussi. Je ne dirais pas cela si mon petit collet était un uniforme; mais je suppose que M. de Louvois respectera mon caractère. Cependant, j'ai bien des tours et des détours à faire avant d'arriver à Saint-Ghislain, et pour me donner des jambes, je vais dormir quelques heures. Imitez-moi, parlons d'autre chose. J'entends rôder du monde autour de cette tente.

Tous deux sortirent sur le seuil, et regardèrent aux alentours; à leur vue, quelques fantômes noirs épars firent le plongeon dans les ténèbres.

— Louvois surveille, dit Jaspin tout bas, donnons-lui le change. Ainsi, demain, que vous m'ayez vu ou non, présentez-vous à huit heures sonnant devant la barrière de l'aqueduc, au sud de Saint-Ghislain, presque à l'angle de la muraille. On vous introduira dans le parc, on vous mènera près de la tourelle de la Pénitence; c'est l'endroit le plus désert du jardin.

— Qui sera mon guide?

— Moi, peut-être, peut-être une autre personne; mais que vous importe? pourvu que vous arriviez.

— Jaspin, mon seul ami, mon seul espoir...

Jaspin lui montra le ciel étoilé, puis après une pause :

— Beau temps pour dormir, mon cher comte, dit-il d'une voix claire, je rentre; adieu.

Et en effet il rentra chez lui ostensiblement, après avoir allumé tout ce qu'il put réunir de lampes et de cires, comme si la nuit devait durer vingt-quatre heures.

L'AQUEDUC.

Le lendemain, vers quatre heures du soir, comme Gérard, depuis la veille, était resté tranquille, selon sa promesse, — tranquille en apparence, car son cœur

n'avait jamais battu si vite ni si fort ;
à quatre heures, disons-nous, Jaspin se
précipita dans la tente de son élève.

— Regardez s'ils me suivent, dit-il essoufflé en tombant sur un siége, — deux hommes, — l'un vêtu de bleu, l'autre enveloppé d'un fourreau gris-jaune.

— Je les vois arrêtés à la barrière de la ligne de circonvallation, répondit Gérard.

— Ils regardent de ce côté, n'est-ce pas ?

— De tous leurs yeux. Ah ! mon pauvre Jaspin... les misérables !...

— Quoi donc, ils gagnent leur demi-pistole ces honnêtes gens ; mais en vérité, je la leur ai fait gagner. Depuis six heures du matin que je cours.

— Et... ma lettre ?

— Remise.

— Et le rendez-vous ?

— A la tourelle de la Pénitence.

— Et Antoinette ?

— Malade au point de n'avoir pu quitter le couvent aujourd'hui, comme M. de Louvois l'en faisait prier.

— Bon Jaspin ! et les espions n'ont rien vu ?

— Oh ! les espions ont dû voir tout ce que j'ai fait jusqu'aux murs du couvent; là s'est arrêtée leur inquisition. Mais comme je ne pouvais les empêcher de me suivre, et qu'ils ne m'ont pu empêcher de faire remettre le message, je me console d'avoir été espionné.

— Remettez-vous cher abbé, vous

êtes en sueur, vous tremblez, vous êtes pâle.

Jaspin raconta comment il était sorti à pied le matin, comment il était monté à cheval au quartier du roi, — puis, à pied de nouveau, parti pour les mares. Là, il avait pris un des chevaux que lui avait prêté son ami le gouverneur du pauvre cornette, et avec ce cheval, en zigzagant dans la plaine, il était arrivé à Saint-Ghislain, après avoir forcé les espions à entrer jusqu'au ventre dans les marécages.

— Quant à mon retour, dit-il, je l'ai

effectué par une porte opposée à celle que j'avais prise pour entrer, de sorte que les alguazils de M. de Louvois ont été déroutés et me croient tombés du ciel. Seulement, en arrivant aux lignes, j'en ai retrouvé deux, le bleu et le jaune qui m'ont donné la chasse. Je les ai distancés, me voici, à jeun depuis hier.

Gérard fit servir au digne homme le déjeûner et le dîner auxquels il n'avait pas touché lui-même. Et il n'y avait pas une demi-heure que tous deux étaient renfermés lorsque, sous prétexte de demander un renseignement, un inconnu vint entretenir le factionnaire au seuil de la tente.

— Ah ! ah ! dit Jaspin, ces messieurs ont déjà rendu leurs comptes, et M. de Louvois veut savoir si vous êtes chez vous. Montrez-vous.

— Non pas, s'écria Gérard, car s'ils me voient en ce moment, plus tard, ils ne me verraient plus ; et que dire alors ?

— Écoutez, on insiste pour vous parler.

— Laissez insister. Il n'est pas d'usage que l'officier aux arrêts reçoive des visites. Sortez pour expliquer cela, je vous prie.

— Vous avez raison.

Jaspin sortit comme si le bruit de l'entretien excitait sa curiosité. Il aperçut l'espion jaune qui se dit fournisseur des passementeries de MM. les chevau-légers, et obligé de parler au lieutenant pour ses équipages.

Jaspin l'éconduisit avec politesse, et l'envoya chez M. de Rubantel; mais il ne put s'empêcher de rire en voyant cet homme inquiet de n'avoir pas vu M. de Lavernie courir à toutes jambes prévenir un sien compagnon de relais, qui, lui aussi, prit ses jambes à son cou dans la direction du quartier de Louvois.

Et comme Jaspin en riait encore avec Gérard, tous deux se demandant quel moyen emploierait le ministre pour s'assurer de la présence de Lavernie dans sa tente, un cavalier arriva porteur d'une dépêche-circulaire qui devait être signée par tous les chefs de corps et leurs lieutenants.

Gérard trouva le moyen médiocrement ingénieux, mais il ne crut pas devoir refuser sa signature. Il signa donc et se montra au cavalier, qui partit aussitôt pour rapporter au ministre la bonne nouvelle.

— Maintenant, dit Jaspin, on vous sait chez vous, c'est constaté : voilà le moment de vous enfuir.

Sept heures et demie allaient sonner. Gérard se glissa sous les toiles de la tente avec les plus grandes précautions pour n'être point aperçu, profitant de tout ombre, de toute inégalité de terrain, revêtu du manteau de l'abbé en cas de rencontre : il gagna les environs du marais, où Jaspin, dans la journée, lui avait fait préparer un des chevaux du cornette.

Alors Gérard fit voler son coursier par la plaine. Plusieurs rondes, l'apercevant de loin, le prirent pour un aide-de-camp qui portait quelque ordre pressé.

Un peloton de Suisses, qui marchait en patrouille, voulut l'arrêter pour avoir le mot, et fit feu sur lui, n'ayant pas eu de réponse. Gérard franchit tout, força tout, évita tout, et arrêta son cheval fumant devant les murs de l'abbaye dix minutes plus tôt que huit heures.

La nuit était plus belle encore que celle de la veille, plus belle pour le poète et pour l'amant; un souffle tiède et harmonieux murmurait aux branches des arbres et chassait dans le ciel les nuages floconneux. On voyait errer autour de de Saint-Ghislain les détachements préposés à la garde des lignes ; et le pas des chevaux sur les gazons humides, le cri des sentinelles, çà et là quelques coups de feu perdus contrastaient avec le silence opaque dans lequel dormaient les noirs bâtiments et le vaste parc de l'abbaye.

Gérard suivit le mur comme on le lui avait recommandé. Il arriva devant la barrière de bois placée à quelques pieds de hauteur sur la voûte de l'aqueduc dont les eaux, utilisées jusque-là par le couvent, et désormais sacrifiées, tombaient en cascades à l'extérieur de la muraille, dans le fossé, d'où elles s'enfuyaient en ruisseaux divergents par la plaine.

Gérard se reposa quelques minutes près de cette eau bruyante : il attendait le guide que Jaspin lui avait promis, et guettait son approche avec des regards inquiets. Le fracas des eaux l'empêchait d'entendre soit un pas, soit une voix, et il maudissait la naïade importune, lorsque tout-à-coup le bruit cessa, l'eau diminua de volume, un filet plaintif égrena lentement ses perles sur les joncs et les herbes.

Ce silence imprévu permit à Gérard de distinguer de l'autre côté de la route un pas furtif sur le sable, et une sorte de bruit plus semblable à un grognement qu'à un appel.

— Voilà, pensa Gérard, une eau bien complaisante de s'arrêter ainsi à point pour que je puisse passer le fossé à pied sec.

Il passa; le guide était une sorte de

spectre moitié religieux, moitié féminin. Un long manteau sombre avec capuce rabattant sur les yeux, enveloppait hermétiquement le personnage que l'on devinait femme à ses jupes et femme de mauvaise humeur à sa démarche saccadée, à ses grognements sourds. Gérard, malgré le plus curieux examen ne réussit pas à voir son visage. Et comme il voulait entamer la conversation par quelques monosyllables, le guide répondit un chut! bien sec, bien bourru, qui mit fin à tout dialogue. Gérard se contenta de suivre cette aimable personne qu'il avait jugée vieille, et dont il prit soin de ne pas offenser les talons de peur d'une rebuffade nouvelle. On marcha quelques minutes ainsi sous des arbres, dans des allées sineuses, et l'on traversa plusieurs ponts de bois jetés sur des pièces d'eau, qui dégageaient dans les ténèbres leurs humides brouillards blanchâtres. Enfin, le spectre grognon s'arrêta près d'une tourelle voilée par les lierres et les vignes vierges, désigna par un geste avare la porte cintrée, poussa un bruyant soupir et disparut en grommelant ces mots, les seuls que Gérard pût distinguer.

— Quelle punition!... mon doux Jésus!

Le jeune homme, surpris de cette apostrophe disgracieuse, fut tenté d'en suspecter la signification et de craindre pour lui cette punition que la vieille avait annoncée, mais il n'eut pas le temps de réfléchir; la porte était entrebâillée, le reflet des brumes marécageuses éclairait vaguement les objets autour de lui, et il distingua une main blanche qui s'avançait vers la sienne, une ombre qui souriait dans le noir encadrement de la porte, tandis qu'une voix, la plus douce mélodie qui eût caressé jamais son oreille, murmurait : Oh! Gérard, c'est donc vous!

L'aspect de ces traits si doux, la pression de cette main frémissante, cette volupté d'une seconde, cet éclair, firent oublier à Gérard les heures, les mois, l'année interminable de souffrances qu'il avait subies pour l'amour d'une femme.

Il reconnut la puissante clémence de Dieu qui ne veut pas pour l'homme de douleurs éternelles, et il fléchit le genou devant la jeune fille, moins pour l'adorer peut-être, que pour remercier Dieu qui la lui rendait.

Antoinette, de son côté, sentait s'ouvrir devant elle une perspective de bonheur inespéré, et trop pure, trop immatérielle, pour diviniser l'objet de son amour, c'était aussi le maître souverain des âmes et des cœurs qu'elle adorait en serrant la main de Gérard.

Elle l'attira dans ce parloir sombre et froid qui précédait la pénitence. Ses yeux, habitués déjà aux ténèbres, distinguèrent un escabeau sur lequel elle s'assit, tandis que le jeune homme prenait place près d'elle sur le rebord d'une fenêtre grillée au travers de laquelle on apercevait quelques clartés crépusculaires filtrant parmi les pampres desséchés et les sureaux déjà verdoyants.

— Enfin, dit-elle avec des sanglots de joie.

— Enfin! répéta Gérard.

— Vous ne m'avez point oubliée. Oh! que c'est généreux!

— Etait-ce possible d'oublier? Je n'ai point laissé passer une minute sans songer à vous.

— Et moi, plus souvent encore, murmura-t-elle.

Il eût fallu payer ces paroles d'un baiser. Gérard sentait rayonner autour de son front toute la chaleur, toute la jeunesse, tous les parfums de l'amour qu'exhalait sa bien-aimée. Il frissonna, un nuage passa sur ses yeux ; mais il résista, et d'une voix étouffée :

— Combien vous avez souffert, dit-il, avant de venir ici !...

— Oh ! dit-elle, ici, j'y suis déjà venue.

Et elle raconta au jeune homme ses premières tortures dans la pénitence, dès son arrivée à l'abbaye. Elle n'oublia pas la tendre protection de la marquise, mais ce souvenir de l'horrible cachot la faisait encore frémir.

— Quoi! s'écria Gérard, c'est ainsi qu'on vous punissait de l'affection que vous m'avez gardée. Oh! rassurez-vous, maintenant, chère Antoinette. Le temps des souffrances est passé. Nous vivrons l'un pour l'autre; mais, dites-moi, je vous prie, c'est au présent qu'il faut songer. Ma lettre vous est parvenue, que s'est-il passé?

— Oh! des choses merveilleuses! Toute ma vie, si triste qu'elle puisse paraître, et brillante et brodée de poésie; votre image m'apparaît dans toute solitude; une consolation, toujours émanée de vous, m'assiste au milieu de toute douleur. Depuis quelque temps je trouvais ma protectrice froide et embarrassée. Elle avait cessé de m'envoyer chercher par sa vieille mie, mademoiselle Balbien, que tous les matins, je voyais entrer dans l'étude ou dans ma cellule, avec quelques bonnes paroles ou quelque présent de madame. J'avais écrit sans obtenir de réponse. J'avais pleuré sans que nul fît attention à mes larmes. Ce matin, dans la cour, quand je me rendais seule, derrière mes compagnes, à la chapelle, pour la première prière, je vis mademoiselle Balbien qui causait avec la supérieure; toutes deux me tournaient le dos; mademoiselle Balbien, du coin de l'œil, m'aperçut derrière elle, et comme elle m'évite depuis plusieurs jours, elle emmena la supérieure hors de la cour, dont elle ferma rudement la porte. Ce fut un coup bien sensible, monsieur; j'en fus accablée, et mes larmes recommencèrent à couler. Néanmoins, je voulais continuer de marcher vers la chapelle, où mon absence eût été remarquée. Figurez-vous qu'en tournant le bouton de cette porte, que mademoiselle Balbien venait de repousser ainsi, je sentis, roulé autour du cuivre, un papier que je pris, que j'ouvris, que je lus : c'était votre lettre! Elle était là, et ni mademoiselle Balbien ni la supérieure ne l'avaient vue en passant! Avais-je tort de dire que j'ai du bonheur?

Le temps était trop précieux pour que

Gérard l'employât à commenter avec Antoinette le plus ou le moins d'adresse de son messager.

— Et comment M. de Louvois a-t-il pris l'excuse de votre feinte maladie? demanda-t-il.

— Très-impatiemment, la supérieure m'exhortait à me mettre en route — je résistai — le fait est que cette petite lettre m'avait amené une grande fièvre. Je ne mentais pas en me disant malade; cependant l'on me sait tellement courageuse qu'on me poussait a partir.

— Et Madame de Maintenon, insista-t-elle pour votre départ?

— Non, mais elle ne m'a pas retenue; hélas! j'y comptais pourtant. Elle n'a pas même voulu entrer dans ma cellule; je l'ai entendue qui disait dans le grand corridor : « Si cette enfant est trop malade, il faudra qu'on appelle un médecin de Valenciennes. » Moi je n'étais plus malade, allez, quand ce soir j'ai quitté furtivement ma cellule pour me rendre ici!

— Chère Antoinette, s'écria Gérard, on verra bien demain que votre mal n'a pas empiré, et l'on vous emmènera.

— C'est pour empêcher cela que vous êtes venu, je suppose, dit la jeune fille avec cette étrange fermeté dont Gérard avait déjà fait l'épreuve.

— Je suis venu en effet pour vous consulter sur vos intentions, mademoiselle.

Elle le regarda d'un air tellement surpris que l'éclair de ce regard flamboya malgré les ténèbres.

— Je comprends, dit-il avec joie; eh bien! votre raison, votre finesse égalent, si elles ne surpassent, mon expérience. Je vous consulte donc seulement sur les moyens à employer pour vous affranchir à jamais de la tyrannie absurde que vous avez trop patiemment endurée.

— Les moyens! répondit Antoinette, je n'en connais qu'un seul, ne l'avez-vous pas trouvé?

— La fuite! n'est-ce pas? s'écria Gérard, qui, à la seule pensée d'une liberté inaltérable avec Antoinette, sentait se réveiller tous ses instincts courageux, s'évanouir tous ses scrupules. Oh! oui, c'est le seul moyen. Nous sommes réunis. Partons!...

— Vous avez prévenu madame de Maintenon, dit Antoinette.

— Prévenu, pourquoi?

— Mais parce qu'elle m'a sauvée, protégée, aimée ; parce que je lui dois le plus le plus beau jour, le plus doux souvenir de ma vie, votre souper à Saint-Ghislain ; parce qu'en un mot, elle s'est conduite envers moi comme une tendre mère, et que disposer de moi sans l'avoir au moins remerciée, ce serait une ingratitude, un oubli de cœur, que certainement Dieu punirait, et dont je ne me rendrai jamais coupable !

— Oh! mademoiselle, interrompit Gérard avec une tristesse mêlée de respect, prévenir madame de Maintenon, c'est la forcer de vous retenir ici. L'occasion que nous tenons jamais peut-être ne se retrouvera. Croyez-moi, Antoinette, j'ai l'idée que notre protectrice ferme les yeux par un reste de bienveillance et qu'elle vous a laissé sortir de votre cellule, ce soir, alors qu'elle eût pu vous en empêcher facilement. Tout conspire avec nous, pour nous... J'ai un cheval à la barrière de l'aqueduc; nous gagnerons Valenciennes, nous traverserons l'Artois et nous nous arrêterons seulement à la mer. Là nous écrirons à madame de Maintenon, qui vous pardonnera d'avoir enfin rompu avec la servitude, avec le déshonneur peut-être. Mais au nom du ciel, Antoinette, plus d'hésitation, plus de faiblesse. Oh! ne me sacrifiez pas à l'opinion, vous qui ignorez ce que je vous sacrifie. Hélas! si demain vous étiez à jamais perdue pour moi; si demain vous retombiez au pouvoir de ce méchant, de cet impie!... Tenez, Antoinette, ma fiancée, ma femme, n'aidez pas, par une fausse délicatesse, les projets pervers de Louvois... Il m'a perdu déjà, qu'il vous épargne au moins!.

— S'il eût voulu me tuer, je serais déjà morte.

— Eh... veut-il vous tuer... êtes-vous assez aveugle pour ne pas deviner ses infâmes calculs? J'avais, un moment, par le conseil de mon vieux précepteur, renoncé à l'idée de vous emporter avec avec moi ; j'étais venu pour vous dire : Si M. de Louvois vous arrache de Saint-Ghislain, Antoinette, laissez-moi partout des traces de votre passage; nommez-vous, partout, à quelque charitable femme, invoquez partout mon nom; criez partout le nom de votre persécuteur, par les routes, par les villes, dans les hôtelleries, votre nom, le mien et celui de Louvois frapperont l'oreille de quelqu'un qui m'avertira. De cette façon, ma chère âme, vous ne serez qu'éloignée de moi, jamais perdue. Tant qu'un souffle animera votre corps charmant, tant qu'une goutte de sang bondira dans mes artères, vous m'appellerez, et je vous retrouverai, j'irai, j'irai toujours... J'arriverai jusqu'à votre retraite, je pénétrerai dans votre prison, je viendrai expirer sur votre tombeau. Il me conseillait cela, le pauvre cher Jaspin, nous avions bâti ensemble cet édifice régulier avec la pusillanimité d'honnêtes gens qui ménagent tout et tout le monde. — Mais je ne vous avais pas revue, mais je n'avais pas senti le froid mortel de votre main! Oh! mon amie, êtes-vous déjà morte pour moi, que vous refusez de me suivre, avec cette raison inexorable, avec cette glaciale étreinte? — Je vous ai, je ne veux plus vous perdre. — Ce soir est à nous, demain est à M. de Louvois. — Antoinette, vous ne m'avez jamais dit que vous m'aimiez, — prenez garde! Oh! je vous en supplie... votre refus signifierait que vous ne m'aimez pas!

Elle joignit les mains et répondit par un gémissement le plus éloquent des reproches.

— Eh bien? dit-il en serrant sur son cœur les deux mains qu'il accusait d'être glacées, et qui devinrent tout-à-coup brûlantes.

— Vous avez prononcé tout-à-l'heure, répliqua-t-elle, un mot qui m'a déchiré l'âme. M. de Louvois vous a déjà perdu, disiez-vous... Mon Dieu! quel malheur vous ai-je encore causé, moi qui déjà vous ai coûté votre mère ? Gérard ! je m'arrête, je recule devant l'avenir que je vous ferais !

— J'ai épuisé tous les malheurs ? s'écria-t-il avec explosion. Louvois me hait tant à cause de vous, qu'il m'a trois fois envoyé à la mort. J'ai vu tuer sous mes yeux tous mes compagnons ; j'ai reçu dans mes bras le cadavre d'un pauvre enfant, mon ami, mort en appelant sa mère. Cependant, Dieu m'a conservé pour vous ; pour vous, j'ai consenti à vivre. Alors, Louvois désespéré, m'a calomnié, séquestré, condamné à l'inaction, lorsque toute l'armée se couvrait de gloire. Je devrais être mort de honte. Cependant, j'ai vécu. Eh bien! reculez de moi le but vers lequel j'ai marché si obstinément, refusez-moi le prix de mes souffrances, et Louvois sera satisfait. Je me sens au bout de mes forces, je ne lutterai plus ; ce que les balles de l'ennemi, ce que l'inimitié de mes compagnons, ce qu'un chagrin mortel n'a pu faire, un mot de vous le fera sur l'heure, dites que vous voulez rester à Saint-Ghislain et je suis mort.

Elle s'élança palpitante dans les bras de Gérard et lui dit d'une voix brisée par les sanglots :

— Partons !...

A peine ce mot était-il sorti de ses lèvres, que le jeune homme chancela et recula comme un passager sur le plancher d'un navire secoué par l'orage.

Une ondulation puissante accompagnée d'un long murmure souterrain ébranlait le parquet du parloir, le bruit devint fracas, la secousse devint choc, les lames de chêne craquèrent et jaillirent en éclats sous une pression pareille à celle d'un volcan. Par les ouvertures béantes s'élancèrent des voix, des cris, des armes fulgurantes, des torches enflammées, puis des têtes d'hommes envahirent bientôt de leurs flots épais le parloir et le parc dans toute la longueur de l'aqueduc dont la voûte éclatait cà et là sous leurs efforts.

— Les Hollandais!... l'ennemi!... l'ennemi!... cria Gérard en mettant l'épée à la main pour fondre tête baissée sur les assaillants.

Mais trente bras robustes le désarmèrent, étouffèrent ses cris, l'enlevèrent, luttant toujours, et il disparut parmi les sabres, les pertuisanes et les baïonnettes, comme un enfant parmi les dents d'un alligator immense.

— Portez cet homme à la réserve! ne le tuez pas! dit une voix calme et stridente qui domina tout ce tumulte. Je ne veux pas qu'il soit répandu ici une goutte de sang!

— Oui, sire, répondit la troupe obéissante, dont une partie exécuta l'ordre de Guillaume, tandis que le reste marchait silencieusement sur les pas du roi, dans la direction de l'abbaye.

Antoinette évanouie, était tombée sous

une large lame de parquet brisé qui recouvrit son corps. Tous passèrent près d'elle sans l'avoir aperçue — ainsi se cache dans les bois, sous une feuille, le corps du passereau expiré.

VII

L'ENLÈVEMENT.

La marquise, depuis son entretien avec Jaspin, s'était bien doutée que Gérard essaierait de contrarier les projets de Louvois sur Antoinette.

Mais avec le coup d'œil sûr et prompt qui la rendait supérieure aux esprits les plus déliés, elle avait deviné que Gérard ne sortirait pas des bornes de la prudence, qu'il ne se compromettrait pas par un scandale, et que le seul résultat des communications de Jaspin serait une escapade du camp à Saint-Ghislain, tout au plus quelque bonne petite conspiration d'amants révoltés.

Elle qui voyait tout, levée la première, couchée après tout le monde, elle avait vu Jaspin rôder le matin même autour de l'abbaye. Certaines absences de Nanon lui expliquaient pourquoi Jaspin était venu. Mais décidée, comme nous l'avons dit, à laisser faire par la Providence le dénouement de cette difficile intrigue, la marquise, afin d'être impunément neutre, avait fait dire au roi qu'au lieu de venir, ainsi qu'il en avait l'habitude, à Saint-Ghislain, il voulût bien attendre à Bethléem, où elle irait lui rendre visite.

De cette façon, Louvois, en cas d'événement, n'aurait eu aucun reproche à à adresser à la marquise, et celle-ci, pour ne pas faire, malgré l'armistice, la partie trop belle à son ennemi, n'avait prévenu le roi que tard de ses nouvelles dispositions, dans la crainte que Louvois, en sachant qu'elle s'absenterait de Saint-Ghislain, n'eût conçu quelque soupçon, et gêné les manœuvres de Gérard.

Toutefois cette Providence, aux soins de laquelle madame de Maintenon avait commis son dénouement, s'en occupa dans un sens bien différent et avec une richesse d'imagination que la marquise ne pouvait prévoir. Dieu veut, dit-on, tout ce que veut la femme, mais combien n'a-t-il pas de manières de vouloir!

Madame de Maintenon avait commandé son carrosse pour huit heures et demie.

C'était le moment où tout dort dans une abbaye. Les religieuses se sont couchées après souper. Les valets ont soupé eux-mêmes, et les lumières s'éteignent dans le dortoir et les cellules.

A Saint-Ghislain, en effet, lorsque huit heures et demie sonnèrent, on n'eût pas entendu, dans l'immense maison, d'autre bruit que celui des deux palefreniers qui attelaient, et des chevaux qui piaffaient dans la cour.

La marquise; par les fenêtres de son appartement, contempla le beau ciel et la tranquille obscurité ; puis, sans avoir

paru remarquer le trouble et les préve-
nances effarées de Nanon, qui revenait,
disait-elle, d'une promenade au jardin,
elle descendit à son carosse.

Cependant ce jardin paisible, ces quin-
conces déserts eussent offert un bien
étrange spectacle au promeneur qui s'y
fût hasardé en ce moment. Derrière chaque arbre se cachait un homme, et en
avant des bâtiments de l'abbaye, dans la
cour obscure, les piédestaux des grands
vases à fleurs et les lourds balustres de
l'escalier sombre masquaient chacun leur
fantôme accroupi, tout prêt à se dresser
au signal convenu.

Madame de Maintenon, en descendant de ses appartements, crut entendre comme un cri étouffé dans la cour; mais à Saint-Ghislain, dans ces vieilles masures, il y avait tant d'oiseaux nocturnes, et le chat-huant gémit si étrangement pendant les nuits sereines !

La marquise dit adieu à mademoiselle Balbien sur le perron, et lui recommanda diverses commissions ; puis elle marcha vers son carrosse, bien étonnée de ne pas trouver son écuyer qui, d'ordinaire, lui offrait la main.

Mais elle crut le voir à cheval sur son

rouan favori, près de la grande porte ouverte. Persuadée qu'il avait cru ainsi accélérer le service, et très-indulgente d'ailleurs pour ses serviteurs, elle se hâta de monter sans remarquer l'absence de ses porte-flambeaux. Elle ne fut pas plus tôt assise dans le carrosse qu'un homme ferma vivement la portière, un sifflet aigu retentit, le cocher toucha, les chevaux partirent avec rapidité.

La marquise sentit tout-à-coup un poids très-lourd derrière la voiture, elle regarda par l'œil-de-bœuf et vit trois inconnus armés qui occupaient la place de son laquais.

Déjà la porte de l'abbaye était refermée et le carrosse volait sur le chemin; à droite et à gauche couraient des soldats à pieds, le mousquet sur l'épaule : des soldats dont la marquise, malgré ses yeux perçants, ne reconnaissait pas l'uniforme.

Elle tira son rideau et appela quelques-uns de ces hommes pour savoir d'eux la raison qui les faisait courir ainsi. Mais en regardant, elle s'aperçut que le carrosse, au lieu de suivre la route de Bethléem, avait pris sur la droite et longeait le mur de l'abbaye, qu'il dépassa bientôt pour entrer dans la plaine découverte en suivant le cours de l'aqueduc.

Le nombre des soldats ainsi courant semblait grossir comme si chaque tour de roue en eût fait éclore de nouveaux. Bientôt, ce ne fut plus seulement de l'infanterie que la marquise vit autour d'elle, une troupe de cavaliers bien montés se montra comme par enchantement et composa une avant-garde et une escorte au carrosse.

La terreur s'empara de la marquise lorsqu'elle n'obtint aucune réponse de ceux qu'elle appelait, et lorsqu'elle comprit, à n'en pas douter, que tous ces cavaliers fantastiques l'entraînaient bien loin des lignes françaises dans la direction du Nord.

Elle se mit à pousser alors des cris lamentables sans émouvoir aucun de ses gardiens. Tout au contraire, le peloton d'avant-garde doubla le pas pour s'éloigner du carrosse, le peloton d'arrière-garde ralentit sa marche pour isoler plus encore la prisonnière. Celle-ci, dont le courage et le sang-froid s'étaient démentis un moment, eut honte de sa faiblesse ; elle remplaça les cris inutiles par une prière. Mais comme le carrosse roulait avec trop de rapidité par ces chemins défoncés, les chocs et les secousses devinrent intolérables, et la marquise ne put retenir un gémissement, non plus de terreur, mais de souffrance : sa tête se pencha en arrière, battue par les cahots, et elle crut un moment qu'il lui faudrait mourir de cet étrange et douloureux supplice.

Au plus fort de cette course furieuse, un cavalier parut à la portière, jeta un coup-d'œil dans l'intérieur, et s'écria d'une voix courroucée, dans une langue étrangère, quelques mots dont la marquise ne comprit point le sens, et qui retentirent à ses oreilles comme la musique bizarre d'un rêve extravagant.

Le carrosse s'arrêta, gardant encore pendant quelques secondes l'oscillation décroissante à laquelle succède l'équilibre.

— Madame, souffrez-vous ? dit d'une voix grêle et avec un accent étranger le cavalier qui se découvrit civilement.

— Monsieur, je meurs, répliqua la marquise, en essayant vainement de soutenir sa tête disloquée par les secousses.

— Vous préférez sans doute un cheval, dit l'interlocuteur inconnu, je vous en ferai donner un.

— Un cheval!... pourquoi, monsieur, s'écria la marquise, dont l'épouvante s'accrut encore à cette offre polie.

— C'est que les routes sont impraticables au carrosse, répondit flegmatiquement le cavalier, tenant toujours son chapeau à la main, et que nous avons encore près d'une lieue de traverse avant de retrouver la route.

— Quelle route, monsieur, où me menez-vous, par grâce?

— A Notre-Dame-de-Hall, madame.

— Chez le prince d'Orange?

— Oui, madame, dit le cavalier avec un léger sourire.

— Mais c'est une trahison ; où sont vos ordres ?

Le cavalier ne répondit pas.

— Qui a donné cet ordre ? s'écria la marquise.

— Le roi d'Angleterre, madame, dit le cavalier en comprimant, avec son mouchoir, une toux aigüe qui déchira sa poitrine.

La marquise joignit les mains sans pouvoir proférer une parole.

Le cavalier demeura froid et respectueux, comme pour laisser à madame de Maintenon le temps de se remettre entièrement.

— Acceptez-vous le cheval, madame? dit-il, car j'ai l'honneur de vous faire observer que nous nous hâtons

— Je suis donc prisonnière? demanda la marquise, tremblante d'entendre la réponse.

Oui, madame. Le roi de France a pris aux alliés leur plus forte place de guerre. Ils lui prennent sa conseillère la plus précieuse.

— Oh! dit-elle, avec un reproche amer, le roi de France s'empare de Mons les armes à la main; mais le roi d'Angleterre, un capitaine! enlever par trahison une femme!

— Madame, je sais que cette action n'est pas chevaleresque, mais depuis long-temps le roi très-chrétien et le roi Guillaume ont cessé de se traiter en chevaliers; nous voulions prendre Louis XIV lui-même, ce soir ; il n'est point venu à Saint-Ghislain ; je vous fais prisonnière, et vous valez pour nous plus que Mons ne vaut pour Louis XIV. Je me trouve heureux !

— Monsieur, s'écria la marquise en se levant pour sortir du carrosse et implorer de plus près, monsieur, accordez-moi la grâce de dire un mot à sa majesté le roi d'Angleterre, avant que la nouvelle de mon enlèvement se soit répandue.

— Pardon, madame, veuillez ne pas vous déranger, dit le cavalier avec une froide urbanité.

Et il descendit de cheval. Un écuyer emmena sa monture à l'écart : sur un geste de lui, le cocher quitta son siége, les laquais armés, qui n'étaient autres que des grenadiers hollandais, s'éloignèrent à vingt pas, et le carrosse resta isolé dans un cercle immense de mousquets et de cavaliers hors de portée de la voix.

Le cavalier s'approcha de la portière et dit à la marquise :

— Madame, je vous écoute.

— Mais monsieur, c'est au roi d'Angleterre que je voulais parler.

— Vous lui parlez en ce moment, madame, dit simplement Guillaume III.

— Oh! s'écria madame de Maintenon, qui s'agenouilla sur les coussins du carrosse, oh! vous êtes le roi, je suis sauvée! Oui, pardonnez-moi, sire, j'aurais dû reconnaître ces traits nobles et fiers. Eh bien, vous n'infligerez pas à une femme de mon rang, que vous connaissez; de mon âge, que vous voyez, le ridicule, l'opprobre d'un enlèvement qui me rendra la fable de toute l'Europe. Le roi Guillaume prenant à Louis XIV cette femme que tous mes ennemis appellent la *vieille maîtresse*.. Oh! sire, soyez généreux, ne me déshonorez pas, tuez-moi ! Je jure par le Dieu vivant que je prierai pour vous et que je vous bénirai.

Le roi croisa ses bras sur sa poitrine, et baissant la tête, demeura longtemps plongé dans une sombre rêverie.

— Vous me demandez, dit-il, d'être généreux : à quel titre, madame ? L'a-t-on été envers moi dans les conseils de Versailles ? Est-ce bien généreux au roi de m'avoir poursuivi de sa haine et de ses mépris, parce que j'ai refusé la fille de mademoiselle de La Vallière ? Etait-ce généreux l'an dernier, quand je fus blessé en combattant pour mes droits à la Boyne, de me faire pendre et brûler en effigie par les bourgeois de Paris, tandis que certains parlements de France allaient aux cathédrales chanter le *Te Deum?* Non, madame; c'est la guerre sans pudeur que l'on m'a faite, j'y réponds par la guerre sans pitié.

— Eh! sire, vous savez bien qui l'a faite à Votre Majesté, cette guerre? Est-ce le roi? est-ce moi?

— C'est Louvois, voulez-vous dire?

— Sire...

— Faites-moi du moins l'honneur de me traiter avec franchise.

— Eh bien, oui! sire, c'est M. de Louvois qui force le roi à cette guerre honteuse, implacable; c'est lui, qu'une soif inextinguible d'autorité pousse jour et nuit à boire tout le sang et tout l'or du monde. Vous voyez bien qu'il lui faut du sang, à cet homme; lorsque la paix, trop courte, hélas! en avait tari l'effusion en Europe, qu'a fait Louvois? il a versé le sang français à flots, à torrents, et, pour créer au roi des ennemis à combattre, il a envoyé les dragons égorger des femmes, des vieillards et des enfants.

— Je connais Louvois, dit Guillaume, et je m'étonne, madame, que le connaissant aussi, vous n'ayez pas délivré le roi de son influence pernicieuse. Ecoutez bien mes paroles, madame : le temps des prospérités est passé pour Louis XIV, s'il ne chasse point cette peste déshonorante. Chaque victoire que remporte le roi de France, et maintenant elles sont rares, lui coûte plus qu'à nous dix revers ; nous sommes cent millions d'hommes en Europe, tous fatigués de l'orgueil du grand roi et de la férocité du tyran Louvois. Nous avons dix ans demandé la paix à genoux ; maintenant, nous reconnaissons que le plus court chemin pour l'obtenir, c'est d'écraser la France par la guerre, et, grâce à M. de Louvois, nous y parviendrons. Enfin, madame, j'ai longtemps espéré que la paix nous viendrait par vous, que je croyais intéressée à faire cesser la guerre... mais je m'étais trompé.

La marquise comprit cette allusion si habile à sa véritable situation près du roi.

— Sire, dit-elle, nous serons tous fortunés et tranquilles le jour où le roi sera désabusé sur M. de Louvois, mais il ne l'est pas.

— Et vous n'y pouvez point travailler,

avec votre éminent esprit et votre ascendant si légitime sur Louis XIV?

— Cet ascendant, sire, M. de Louvois l'empêche de dominer dans les conseils de Sa Majesté.

— Est-ce croyable! madame.

— S'il en était autrement, dit simplement la marquise, V. M. m'appellerait aujourd'hui ma sœur, au lieu de me traiter en captive de rançon douteuse, et de spéculer sur le plus ou moins de chagrin que mon aventure causera au roi de France.

Guillaume fut frappé de cette noble et audacieuse franchise.

— Eh bien, madame, dit-il, je vois que j'ai auprès de Louis XIV une amie meilleure que je ne le croyais.

— Vous ne l'aurez plus, dit madame de Maintenon avec un douloureux soupir en regardant les soldats qui emprisonnaient son carrosse.

— A Dieu ne plaise, interrompit le prince, que je perde l'occasion de témoigner à une dame de votre mérite le profond respect qu'elle m'inspire. Dieu me préserve par conséquent de l'offenser en lui cachant la vérité. Je suis frappé mortellement, madame ; oui, la mort est là... qui ronge peu à peu ma poitrine... et la cuirasse du soldat me fatigue. Je voudrais me reposer avec sécurité au sein de mes royaumes si chèrement conquis, près de ma femme, un modèle de vertus, près de mes enfants, que je voudrais avoir le temps d'élever. Madame, j'aimerais la paix, une paix riche d'honneur ; j'aimerais l'amitié de ce grand prince que je voulais respecter comme mon père, s'il ne m'eût tout d'abord forcé de lui apprendre ma valeur : j'aimerais enfin que vous me crussiez sincère quand je proteste ici de mon dévouement et de mon estime pour vous.

— Hélas! Sire, à quoi bon me montrer ainsi toutes les vertus de V. M., quand vous me condamnez à les détester dans un maître?

— Un maître, répliqua Guillaume avec un pâle sourire qui ne dérida pas même son front, un maître tellement éphémère, que demain, à Saint-Ghislain, vous ne vous souviendrez plus de lui, tandis que vous daignerez peut-être vous rappeler l'ami.

— A Saint-Ghislain, s'écria-t-elle; vous me rendriez la liberté?

— A l'instant, dit le roi, qui appela son

écuyer, et lui commanda de faire retourner le carrosse.

— Oh! Sire, dit la marquise suffoquée par la reconnaissance, voilà un trait de roi!

— Eh bien, continua-t-il avec son sévère enjouement, j'ai gagné cela du moins qu'une personne de la cour de France m'aura une fois appelé roi, au lieu de m'appeler prince d'Orange.

— En ce moment, l'écuyer s'approcha de Guillaume et lui dit quelques mots pressés en hollandais. Il se fit alors un rapide mouvement d'armes dans tous les rangs ; ce bruit alarma la marquise dont le regard interrogea le roi.

— Ce n'est rien, madame, dit froidement Guillaume, on m'annonce l'approche d'un fort détachement de l'armée de M. de Luxembourg, mais nous avons le temps de rentrer, nous à Hall, et vous à Saint-Ghislain. Veuillez vous tenir prête, le cocher attend vos ordres.

— Vous m'avez comblée, sire, cependant je vous demanderai encore une grâce.

— Parlez, madame.

— Comptez absolument sur moi, sire, pour toutes les communications que vous voudrez faire parvenir au roi, et que l'ennemi de la paix, notre ennemi mortel, a jusqu'à présent interceptées. Sire, faites-moi l'honneur de vous persuader qu'à partir de ce moment vous avez près du roi l'amie la plus zélée, en tant que je n'aurai point à trahir l'honneur et les intérêts de la France.

Un second messager s'approcha de Guillaume, et l'on entendit à l'extrémité des postes hollandais comme les préparatifs d'un combat.

— Merci, madame ; je suis trop payé, dit le prince, par cet entretien que nous venons d'avoir, et que j'eusse acheté si cher après l'avoir si longtemps et si ardemment souhaité, — car nous sommes, il faut le dire, les deux seuls esprits en Europe qui n'aient point ou qui n'aient plus la fièvre. Aidez-moi, au nom de l'humanité, moi je vous aiderez pour votre gloire contre celui qui veut vous perdre.

— Oh ! Sire, ce n'était ni le roi ni moi qu'il eût fallu enlever ce soir et garder dans une prison !

— Pour mes intérêts, reprit Guillaume, j'aime mieux laisser Louvois en France, il la ruine mieux que ne feraient mes armées. Quant à ce qui vous concerne, je comprends votre désir de perdre ou du moins de démasquer cet homme. Eh bien, pour vous aider à montrer au roi ce que c'est que Louvois, je vous enverrai à la première occasion, dès demain peut-être, un ambassadeur secret, un ami à moi, dont la coopération vous sera utile. Veuillez le bien recevoir; il est fort malheureux et vous attendrira en vous contant son histoire. Mais je sens qu'il faut nous quitter, madame, je m'exposerais à être surpris par M. de Luxembourg, et malgré mon amour de la paix, je ne veux plus faire chanter de *Te Deum* à Notre-Dame.

— Conservez-vous, sire, pour vos amis et pour votre gloire. Adieu.

Elle lui tendit la main en reine, il s'inclina sur cette main avec la délicate courtoisie d'un sujet.

Guillaume dit quelques mots en langue hollandaise au cocher remonté depuis quelques minutes sur son siége, et le carrosse reprit le chemin de Saint-Ghislain.

Guillaume aussitôt donna ses ordres et sa colonne, doublant le pas, appuya franchement à gauche, et disparut dans les ténèbres sans se préoccuper de quelques coups de feu tirés par les éclaireurs de M. de Luxembourg.

VIII

SUITES DE LA TEMPÊTE.

La marquise se réveilla de cet affreux rêve, aussi jeune d'esprit, aussi heureuse que la belle au bois dormant. Avec elle se réveilla du même enchantement toute sa maison, écuyer, cocher, laquais, palefreniers, portier, que les soldats de Guillaume avaient enlevés sans bruit, bâillonnés, enfermés dans une citerne voisine, et qui, s'apercevant au bout d'une heure qu'on ne les gardait plus, se hasardèrent à sortir comme des souris du piége, et se trouvèrent à la porte de l'abbaye au moment où le carrosse de leur maîtresse y rentrait, conduit par le cocher hollandais.

Comme tous criaient à la fois et menaient grand bruit de leur aventure, la marquise leur ordonna de se taire, de dételer et de s'aller coucher, enjoignant à chacun de ne pas souffler un mot sous peine d'être immédiatement chassé ; quant au cocher hollandais, elle le fit mener à la cuisine avec ordre de le traiter comme un suisse.

L'écuyer s'inclina et conduisit la marquise à ses appartements — le portier barricada la porte — le cocher français ordonna aux palefreniers de dételer, et se fit soutenir par le laquais pour regagner sa chambre, et tous deux burent du vin chaud dans le but de se guérir d'un frisson qui ne les quittait point depuis leur catastrophe.

Madame de Maintenon, en haut des

degrés, congédia l'écuyer et tendit sa mante à Nanon, qu'elle apercevait dans l'antichambre.

— Ma mie, dit la marquise, bassinez mon lit et couchez-moi.

Mais Nanon, au lieu de s'apitoyer sur la pâleur de sa maîtresse et de lui offrir un siége, Nanon alla fermer toutes les portes et se jeta désespérée aux pieds de la marquise en se frappant à grands coups la poitrine, et en proférant quelques hurlements inintelligibles, que dans sa distraction la marquise prit tout d'abord pour des félicitations que la mie lui adressait à propos de sa délivrance miraculeuse.

— Madame! madame, s'écria mademoiselle Balbien, miséricorde!... pardon. C'est ma faute, nous sommes perdus.

— Êtes-vous folle, répliqua la marquise poursuivant naïvement le quiproquo, nous sommes sauvées au contraire.

— Vous avez donc vu M. de Louvois, dit Nanon.

— Moi ? pourquoi ?

— Parce qu'il est sorti furieux.

— D'où?

— D'ici.

— Furieux de quoi ?

— Hélas !

Et Nanon se mit à fondre en larmes comme une métamorphose d'Ovide.

La marquise se leva.

— Parlerez-vous ! dit-elle inquiète et et courroucée à la fois. Qu'est venu faire ici M. de Louvois, et pourquoi est-il furieux ?

— Madame... balbutia la vieille fille suppliante, à tout péché miséricorde ; je m'étais laissée attendrir, j'avais accordé au jeune homme de causer avec la jeune fille.

— Eh bien? après? s'écria madame de Maintenon qui se rappela Jaspin, Gérard et Antoinette.

— Eh bien, M. de Louvois est arrivé à neuf heures, demandant à vous voir. J'ai répondu que vous veniez de partir pour Bethléem. Il a voulu parler à la supérieure. J'ai refusé. A neuf heures, portes closes, lui ai-je dit. Le bruit qu'il a fait a réveillé la supérieure qui est descendue. M. de Louvois en fureur lui a demandé au nom du roi à parler à mademoiselle de Savières ou tout au moins à la voir.

— Et l'a-t-il vu? s'écria la marquise avec angoisses.

— La demoiselle n'était pas rentrée, dit Nanon.

— Pas rentrée!

— La supérieure a cherché dans sa

cellule, cherché dans les dortoirs, cherché partout... rien !

— Mais, vous saviez où elle était, vous ! s'écria la marquise tremblante de colère.

— Oui, murmura Nanon.

— Pourquoi n'avez-vous rien dit ?

— Oh ! pour me perdre.

— Où était mademoiselle de Savières ?

— Elle devait être au parloir de la pénitence.

— Vous y avez couru, vous l'avez prévenue ?

— Oh! madame! j'y suis allée malgré la nuit, malgré une terreur inexprimable que me causèrent des bruits étranges que jamais je n'avais entendus en cette maison. J'ai appelé mademoiselle de Savières, rien n'a répondu. J'ai craint que M. de Louvois ne me suivît au jardin et ne découvrît des traces de cette fuite ; je suis rentrée assez à temps pour l'entendre dire avec d'horribles menaces :

— C'est bien, elle est perdue, mais madame de Maintenon me la retrouvera!

La marquise à demi-folle de tous ces récits qui complétaient le malheur de sa journée, appuya sa tête dans ses mains et réfléchit.

— Où est la supérieure? dit-elle enfin.

— Rentrée.

— Qu'a-t-elle dit au marquis?

— Que sans doute, madame aurait emmené mademoiselle Antoinette avec elle dans son carrosse, à Bethléem...

— Et le marquis est parti pour Béthléem?

— Sur-le-champ.

— Il y a de cela?

— Une demi-heure.

— J'ai le temps d'éclaicir mes doutes, murmura la marquise. Rendez-moi ma mante, prenez une lanterne et suivez-moi.

— Mais, madame...

La marquise ne répondit que par un regard froid et impérieux. Nanon trembla. Elle se hâta d'obéir.

Toutes deux descendirent au jardin par un escalier de service où nul regard ne pouvait les suivre.

— Cachez votre lumière sous votre manteau, commanda la maîtresse, et marchez légèrement.

Ces deux ombres noires traversèrent dans la brume et le silence ces bois et ces allées maintenant si déserts, naguères si peuplés.

— Lavernie! Lavernie! démon du remords et du châtiment, se disait la marquise en effleurant à peine les chemins, tant sa course était rapide, tout malheur me viendra-t-il donc éternellement de ta part? Il a enlevé cette jeune fille, et déjà Louvois le sait, et déjà Louvois l'est allé dire au roi....

Son pied heurta des pierres amassées; c'était une des crevasses de l'aqueduc.

Nanon étendit les bras et éclaira tout ce désordre.

— Voilà le chemin que les Hollandais ont suivi, se dit la marquise.

— Et voici la pénitence où j'avais conduit ce jeune officier; je l'ai laissée à la...

La marquise saisit brusquement la main de Nanon.

— Écoute, dit-elle.

— Une voix, murmura Nanon.

— On prie, ce me semble.

— Dans le parloir. Ah! madame, je vois quelqu'un.

La marquise arracha la lanterne des mains de sa servante et s'élança dans le parloir où un spectacle terrible la cloua sur le seuil, et fit reculer Nanon glacée d'une superstitieuse épouvante.

Antoinette, agenouillée parmi tous ces débris, s'appuyait d'une main aux déchirures du parquet, et fouillait de l'autre dans l'eau froide qui recommençait à couler avec un bruit lugubre, sous la voûte éventrée de l'aqueduc.

Le bruit de l'arrivée des deux femmes.

la lumière qui fit invasion tout-à-coup dans cette sombre tourelle, rien n'arracha la jeune fille à sa préoccupation fiévreuse, à sa besogne insensée ; son œil fixe, hagard, dans lequel jouait la lumière, interrogeait l'eau noire du canal, sa voix convulsive répétait :

— C'est là qu'il a disparu !

Madame de Maintenon s'approcha ; Antoinette ne bougea pas. Interrogée, elle ne cessa de répéter sa phrase monotone.

Un doute affreux traversa l'esprit de la

marquise, lorsqu'elle se rappela l'invasion des soldats de Guillaume en ce même endroit où les amants s'étaient donné rendez-vous.

— Grand Dieu ! s'écria-t-elle, serait-il mort !

A ce mot, la jeune fille se leva, ses longs cheveux dénoués inondèrent son pâle visage ; l'œil fixe recouvra une lueur d'intelligence, et, comme si cet éclair eût enflammé le cerveau et fait éclater la vie avec la raison, Antoinette poussa un cri terrible et retomba sans mouvement sur les décombres.

— Emportez-la, Nanon ! dit la marquise au désespoir.

La vieille fille, vigoureuse, et stimulée par la terreur, chargea le corps sur ses épaules et se mit à parcourir d'un pas précipité le chemin que lui éclairait sa maîtresse. La première idée de la marquise était de réveiller la supérieure et d'appeler sur Antoinette tous les soins de la communauté. Elle se réjouissait de la désagréable surprise qu'éprouverait Louvois en retrouvant à l'abbaye celle dont il proclamait partout la fuite. Mais en y réfléchissant, la marquise changea d'avis.

— Il sera toujours temps, se dit-elle, de montrer qu'Antoinette est ici. Voyons jusqu'où le marquis va s'enferrer. Et d'ailleurs si la jeune fille allait parler dans son délire ! Portez-la chez vous, Nanon, commanda la marquise, — et s'il arrivait que par votre faute on soupçonnât qu'elle est ici... Nanon, vous en avez fait assez déjà pour que je songe à vous punir. — Prenez-y garde, et veillez sur vous.

Elle éteignit la lanterne, laissa Nanon rentrer par le petit escalier ; quant à elle, un grand quart-d'heure après, elle était au lit, et le roi frappait aux portes de l'abbaye avec cent cavaliers et Louvois qui, tout en galopant à la portière, demanda si la marquise avait reparu.

Le roi monta l'escalier, on lisait sur son visage une inquiétude jalouse, un dépit qui témoignait des impressions fâcheuses que le ministre avait réussi, chemin faisant, à lui glisser dans l'esprit.

Il entra bruyamment chez la marquise; toutes les portes restèrent ouvertes; de la chambre de madame de Maintenon, l'on pouvait apercevoir Louvois se promenant dans la salle voisine et se délectant à l'idée de tout l'esclandre qu'il méditait.

Le roi s'assit d'un air presque brutal au chevet de la marquise, et lui dit :

— En vérité, madame, peut-on savoir ce que vous êtes devenue ce soir?

— Je souffre bien, sire, répliqua la marquise en soulevant avec effort sa tête sur les oreillers.

— Auriez-vous pris un air malsain dans votre promenade, continua le roi du même ton ironique et bourru.

— On ne peut plus, répliqua-t-elle.

Et elle ponctua cette courte phrase par le plus dolent des soupirs.

Le roi, s'agitant avec impatience :

— Vous ne m'avez toujours pas fait l'honneur, dit-il, de me répondre à cette question : qu'êtes-vous devenue ce soir, tandis que vous m'aviez commandé de vous attendre?

La marquise, du coin de l'œil, voyait dans une glace la jubilation de Louvois.

— Sire! répliqua-t-elle d'une voix mourante, ne m'interrogez point là-dessus, je vous prie.

— Pourquoi non?

— J'ai mes raisons, sire...

— J'ai peut-être aussi les miennes, interrompit le roi violemment, excité qu'il était par un hum! incivilement sonore que Louvois avait laissé échapper dans le salon voisin.

— Puisque vous le voulez, dit la marquise avec son souffle plutôt qu'avec sa voix, il faut donc vous satisfaire.

Elle leva son bras blanc vers la sonnette et sonna. Manseau parut. Il revenait de Bethléem où il avait été passer la soirée comptant y servir sa maîtresse.

— Que veut madame?

— Mon écuyer, mon cocher, mon laquais, les deux palfreniers et le portier.

Le roi la regarda stupéfait.

— Qu'ils s'habillent à la hâte et viennent sur l'heure, dit la marquise froidement.

Louvois cessa de marcher, il n'entendait plus, il écoutait.

— Perdez-vous le sens, madame, demanda le roi, qu'avez-vous affaire de tous ces gens.

— Vous voyez, sire, que je ne peux parler, ces gens raconteront à Votre Majesté, à ma place, ce que j'ai fait ce soir.

Louvois se remit à marcher, assez inquiet de ce sang-froid.

L'écuyer parut le premier.

— Racontez ce qui vous est arrivé ce soir, monsieur, dit la marquise. Racontez tout.

L'écuyer obéit. Il détailla la surprise de Saint-Ghislain, les Hollandais apparaissant comme des démons, la maison confisquée, les serviteurs escamotés, et cette heure interminable de captivité dans la citerne.

Le roi pâlit, Louvois sentit la sueur tomber à grosses gouttes de son front, et ne se cacha plus d'écouter au seuil même de la chambre. La marquise se fit servir par Manseau une cuillerée d'élixir.

Après le récit de l'écuyer :

— Voulez-vous la déposition du cocher, du laquais, des palfreniers et du portier, dit la marquise de plus en plus tranquille? ils y étaient tous.

— Madame, balbutia le roi dans sa colère, qu'est-ce que j'entends là! est-ce un conte de fée!

— Dont je me meurs... Triste conte et lugubre fée! sire.

Le roi congédia du geste tous les serviteurs de la marquise.

— M'expliquerez-vous au moins, dit-il, si vous n'avez eu ni écuyer, ni cocher, ni laquais, comment vous êtes sortie en carosse?

— Ah! sire, j'avais un excellent cocher que je vais vous faire voir. Manseau, amenez à Sa Majesté le cocher hollandais qui m'a conduite ce soir.

— Un cocher hollandais!

— Un grenadier superbe.

— Qui vous conduisait?...

— Tout droit à Notre-Dame-de-Hall.

— L'ennemi vous a enlevée?

— Parfaitement, sire, faute d'avoir pu vous enlever vous-même, ainsi qu'on en avait fait le plan.

Le roi frissonna. Son orgueil se révoltait.

— Et qui vous a sauvée, mon Dieu!

— Le roi d'Angleterre. Pardonnez-moi de ne plus l'appeler prince d'Orange; mais je suis reconnaissante avant tout.

La foudre tombée aux pieds du roi

l'eût moins épouvanté que ces quelques phrases prononcées avec l'accent le plus suave et la plus languissante morbidezze.

Louvois, aveuglé, vacillant, trébuchait comme un homme ivre.

— L'ennemi est entré ici!... articula sourdement le roi.

— Cinq cents hommes... pas davantage, dit la marquise. Voilà comme je suis gardée.

— Comment?... balbutia Louvois, qui,

ayant perdu la tête, s'était avancé jusqu'au lit de la marquise.

— Monsieur de Louvois, je suis votre servante, dit-elle avec une cérémonie qui acheva de décontenancer le ministre. Vous demandez comment l'ennemi est entré? Veuillez visiter le jardin et l'aqueduc.

Louvois se frappa le front avec désespoir.

Le roi l'écrasa d'un regard plus lourd qu'une de ces montagnes dont Jupiter accabla les Titans.

— C'est bien la peine, dit-il, de payer si cher des espions !

Louvois, suffoqué, pourpre, chercha une porte en tâtonnant, comme Mathan dans *Athalie*.

Quant au roi, il retomba assis, la tête dans ses mains, en répétant :

— Voilà comme je suis servi !

— Guillaume III l'est mieux, il faut bien l'avouer, dit la marquise d'une voix claire. Et maintenant, sire, que vous savez pourquoi je n'ai pas eu l'honneur de vous visiter ce soir, vous m'excuserez de parler si bas et de chercher ainsi le repos ; je me sens épuisée ; il n'est de remède à ce que je souffre que le sommeil... ou la mort.

— Madame, un médecin ! s'écria le roi ému et regardant d'un œil étincelant la porte par laquelle Louvois venait de sortir.

— Je crois qu'il ne parera pas ce coup-là, pensa la marquise, qui avait surpris le furieux regard du roi.

— Je descends visiter les traces de cet

horrible attentat, reprit Louis XIV... Reposez-vous, chère marquise. Hélas!... à quoi tient parfois le bonheur des hommes.

— A la générosité du roi d'Angleterre, répondit madame de Maintenon.

Le roi, percé au cœur par cette flèche empoisonnée, sortit d'un tel pas que sa rage ne pouvait patienter plus loin que le jardin.

Déjà le bruit de l'événement s'était répandu dans les groupes de courtisans et d'officiers. Les serviteurs de la marquise, affranchis de toute discrétion depuis qu'ils avaient parlé au roi, se donnaient carrière.

Sur les détails, jamais fétiche ne fut admiré dans l'Inde avec une curiosité plus respectueuse que ne le fut par toute cette cour ce grossier hollandais fumant imperturbablement sa pipe, et qui paraissait tombé des nues au milieu de Saint-Ghislain, comme un aérolithe.

Quand le roi eut exploré avec quelques courtisans les abords du passage que Guillaume avait choisis pour pénétrer dans Saint-Ghislain. quand il y eut placé des gardes, selon l'habitude des gens volés qui bouchent la haie après que le voleur a fait son coup, on vit revenir Louvois qui avec des flambeaux et des ingénieurs avait parcouru le parc, exploré l'aqueduc, examiné les murs, et s'étant fait une conviction ou forgé un thème, reparaissait avec son assurance et sa démarche hautaine.

Le roi l'attendit devant le quinconce avec cet œil terne et cette raideur majestueuse qui dénotait chez lui une violente colère, une tempête recélant dans ses flancs, sarcasmes, injures et disgrâces de toute sorte.

Les courtisans s'éloignèrent respectueusement : assez loin pour paraître discrets, assez près pour bien entendre.

— Eh bien! monsieur, dit le roi, qui attaqua le premier, je gage que vous aurez trouvé une bonne raison?

— Certes oui, sire. D'abord, ce n'est pas moi qui commande les armées d'observation ni même de siége; ainsi je ne suis responsable ni de ce qui se fait sur terre, ni de ce qu'on fait dessous. Voilà d'abord une raison que Votre Majesté est trop juste pour ne pas apprécier.

— Oh! vous vous intéressez trop à St-

Ghislain, vous y venez trop souvent, vous y envoyez assez d'espions pour qu'on puisse s'étonner que vous ne soyez pas instruit de ce qui s'y passe.

— Sire, je sais parfaitement ce qui se passe à Saint-Ghislain, et je le sais à un tel point que je vais le dire à Votre Majesté.

— Je serai curieux de l'apprendre, répondit le roi.

— Il y a, continua Louvois, que l'abbaye a été livrée au roi Guillaume par trahison.

— Bon, s'écria le roi ironiquement, voilà qui n'est pas neuf. Il y a toujours un peu de trahison en toutes les surprises. Tant pis pour ceux qui ne s'en défient pas.

— Comment se défier d'un traître, sire, alors qu'on le sait officier, gentilhomme, favori! Je dis plus, comment le craindre lorsqu'on s'en est défié assez pour le mettre hors d'état de nuire! Enfin, comment se défier du traître lorsqu'il commande les chevau-légers de S. M.; qu'il est aux arrêts forcés dans sa tente et qu'il s'appelle comte de Lavernie?

— Encore! s'écria le roi en frappant le

sol de sa botte avec une irritation qui n'émut pas Louvois.

— Encore, répéta celui-ci tranquillement.

— Vous prouverez, aujourd'hui, j'espère ?

— Je prouve. M. de Lavernie est consigné dans son quartier depuis le jour où il a failli par ses intrigues faire égorger les suisses, les gardes et les chevau-légers. Cherchez, sire, ou faites chercher s'il est dans sa tente.

— Eh bien, dit le roi ébranlé, où est-il ?

— Je vais vous le dire. Il a quitté le quartier entre huit heures et huit heures et demie environ, et il est venu à Saint-Ghislain.

— Prouvez.

—Je prouve. Il est venu à St-Ghislain, vous dis-je, comme il y était venu nombre de fois, en secret.

— Pourquoi faire?

— Pour enlever de l'abbaye une pensionnaire qu'il aime.

— M. de Louvois !

— Et ne pouvant faire cet enlèvement à lui seul, il a introduit l'ennemi dans St-Ghislain par l'aqueduc. L'ennemi a fait éruption par les planchers d'une salle que la jeune fille connaissait, puisque c'est la pénitence et qu'elle y a été enfermée. Maintenant, sire, faites chercher la jeune fille. Mandez la supérieure, et si vous ne trouvez ni cette pensionnaire à l'abbaye, ni M. de Lavernie au camp, si vous rapprochez leur fuite de l'entrée des Hollandais, commencerez-vous à comprendre et à me croire ?

Le roi, hors de lui, fit appeler la supépérieure, qui avoua en tremblant la feinte maladie d'Antoinette et sa disparition.

— Votre Majesté m'a accusé trop tôt, dit Louvois avec douceur. Tout le monde a été dupe de cette trahison, à l'armée comme à l'abbaye.

Le roi courba la tête.

— Votre Majesté veut-elle demander quelques éclaircissements à madame la marquise? ajouta Louvois, avide de mordre dans cette belle plaie saignante. Madame de Maintenon en saura peut-être plus que nous.

Epouvanté par l'idée de convaincre la marquise d'un tort réel en présence de Louvois, le roi répondit brusquement :

— Madame la marquise n'a rien à voir là-dedans, monsieur. Elle se repose de l'infâme guet-apens dont elle a failli être victime; respectons son sommeil, partons.

— Oui, dit Louvois, bien que s'éloignant à regret. Allons instruire au camp sur cette fuite et cette trahison de M. de Lavernie. Madame la marquise apprendra toujours assez tôt le nouveau crime de celui qu'elle favorisait si aveuglément.

Le roi abattu, sans voix, donna ses ordres et partit de l'abbaye avec toute sa suite, qui n'avait pas perdu un mot de l'entretien, et dont les commentaires et l'indignation contre Lavernie s'en allaient grossissant d'échos en échos jusqu'à prendre les proportions d'une émeute.

FIN DU TROISÈME VOLUME.

TABLE

DES CHAPITRES DU TROISIÈME VOLUME.

I. — Nuage noirs.................... 1

II. — La cage et les rossignols........... 39

III. — Dernière ressource............... 79

IV. — Armistice..................... 127

V. — Plan de campagne............... 165

VI. — L'Acqueduc................... 201

VII. — L'enlèvement.................. 245

VIII. — Suites de la tempête............. 284

Melun. — Imprimerie de DESRUES.

P   vie   er avec madame Vᵉ **DE BALZAC** pour les quatre
derniers ouvrages que nous a laissés un de nos plus célèbres romanciers,

M. HONORÉ DE BALZAC

SAVOIR

L'INITIÉ

DEUX VOLUMES IN-8, EN VENTE.

Sous presse, pour paraître successivement

LE DÉPUTÉ D'ARCIS

LES PAYSANS

LES PETITS BOURGEOIS

www.ingramcontent.com/pod-product-compliance
Lightning Source LLC
Chambersburg PA
CBHW072010150426
43194CB00008B/1056